Du même auteur:

Jean Perron, profil d'un vainqueur, Éditions Trustar, 2000

Que faisons-nous pour sauver la planète?, Édimag, 2007

Usages écologiques - Bicarbonate de soude, Édimag, 2007

101 questions et réponses sur le secret, Édimag, 2008

Des p'tites bêtes qui m'embêtent

Ce livre appartient à

Marie - Paule Hallé

ÉDIMAG
PRÈS DU PUBLIC

C.P. 325, Succursale Rosemont
Montréal (Québec) CANADA   H1X 3B8

Téléphone: 514 522-2244
Internet: www.edimag.com
Courrier électronique: info@edimag.com

Correction: Michèle Marchand, Pascale Matuszek
Infographie: Écho International

Dépôt légal: deuxième trimestre 2008
Bibliothèque et Archives nationales du Québec
Bibliothèque nationale du Canada

© 2008, Édimag inc. Tous droits réservés pour tous pays.
ISBN: 978-2-89542-279-2

Québec ⁞⁞   Canada

L'éditeur bénéficie du soutien de la Société de développement des entreprises culturelles du Québec pour son programme d'édition.

Gouvernement du Québec - Programme de crédit d'impôt pour l'édition de livres - Gestion SODEC.

Nous reconnaissons l'aide financière du gouvernement du Canada par l'entremise du Programme d'aide au développement de l'Industrie de l'édition (PADIÉ) pour nos activités d'édition.

Étienne Marquis

Des p'tites bêtes qui m'embêtent

DANS LA MAISON, LE JARDIN, LA COUR

Marie Paule Hallé
22-06-2010

GUIDE D'INTERVENTION ÉCOLO POUR VOUS EN DÉFAIRE

ÉDIMAG
PRÈS DU PUBLIC

Édimag inc. est membre de l'Association nationale des éditeurs de livres du Québec (ANEL)

DISTRIBUTEURS EXCLUSIFS

POUR LE CANADA ET LES ÉTATS-UNIS
LES MESSAGERIES ADP
2315, rue de la Province
Longueuil (Québec) CANADA
J4G 1G4

Téléphone: 450 640-1234
Télécopieur: 450 674-6237
www.messageries-adp.com
Courriel: adpcommercial@sogides.com

POUR LA SUISSE
TRANSAT DIFFUSION
Case postale 3625
1 211 Genève 3   SUISSE

Téléphone: (41-22) 342-77-40
Télécopieur: (41-22) 343-46-46
Courriel: transat-diff@slatkine.com

POUR LA FRANCE ET LA BELGIQUE
DISTRIBUTION DU NOUVEAU MONDE (DNM)
30, rue Gay-Lussac
75005 Paris   FRANCE

Téléphone: (1) 43 54 49 02
Télécopieur: (1) 43 54 39 15
Courriel: dnm@librairieduquebec.fr

Sommaire

Introduction 9

PREMIÈRE PARTIE
Que dit la loi? 11

DEUXIÈME PARTIE
Parlons des petites bêtes 15

Araignées: Mères de toutes les phobies 15
Canards et sauvagines:
    Avec une bouille comme ça… 20
Chauves-souris: Dracula, sors de ce corps! 25
Corbeaux et corneilles: L'axe du Mal 30
Couleuvres: Les serpents
    qui n'étaient pas des langues de vipère 36
Coyotes et loups: Hurler à la lune 40
Écureuils: Une histoire de queues touffues 45
Fourmis: Faites place aux ouvrières 50
Grenouilles: Victimes de toutes les pollutions ...55
Guêpes, abeilles et bourdons: Ça fait mal! 59
Hannetons: Gloutons, ces scarabées 66

Marmottes: Si un siffleux sait siffler....................71

Mouffettes: Vous ne sentez rien?.......................75

Moustiques: Songe d'une nuit d'été 80

Oiseaux de proie: Prédateurs volants
     aux yeux perçants...................................84

Petits oiseaux sauvages: Attention
     à l'oiseau tombé du nid… 88

Perce-oreilles: Ils se serrent la pince! 92

Pigeons: Et si vous alliez roucouler ailleurs?.......96

Puces: Si petites mais tellement nuisibles........100

Punaises: Calamité, quand tu nous tiens.........105

Ratons laveurs: Bas les masques!.....................111

Renards: Les plus rusés
     ne se font jamais prendre… 115

Rongeurs: Venez un peu par ici, vermines! 119

Tortues: Elles trottent en trottinette................123

TROISIÈME PARTIE

Les espèces menacées 129

Références 138

Introduction

oilà qu'une mouffette a élu domicile sous votre balcon? Vous aimez les oiseaux, mais pas au point d'inviter les pigeons à habiter votre corniche? Vous voulez aider un petit animal qui semble perdu ou abandonné? Les insectes vous donnent la chair de poule? Bref, comment faire pour que la faune urbaine ne devienne pas une nuisance?

Nous avons tous connu au moins une mésaventure avec un animal, même dans notre propre cour. Or certains d'entre eux sont protégés par la loi et ne peuvent donc pas être déplacés ou éliminés impunément. Comment le savoir? Quelles méthodes d'intervention conviennent dans tel ou tel cas?

Ce livre a été conçu pour répondre à ces questions… et plus encore.

Pour chaque animal inscrit (en ordre alphabétique), vous trouverez une courte description, un portrait des dangers que représente cet animal et quelques solutions afin de corriger le problème.

L'objectif ici n'est pas d'éliminer les petites bêtes, au contraire. Dans un souci de conservation de la nature et de sauvegarde de la planète, j'ai privilégié les méthodes d'intervention douces, respectueuses de l'environnement. Vous ne trouverez donc pas de suggestions de produits répulsifs commerciaux dans ces pages. Par contre, vous saurez pourquoi une mouffette semble attirée par votre balcon et comment éviter qu'elle y installe ses pénates. C'est la méthode «prévenir plutôt que guérir», en quelque sorte.

Première partie
Que dit la loi?

Partout sur la planète, les États mettent en vigueur des politiques afin de protéger certaines espèces d'animaux et de plantes. Au Canada, la Loi sur les espèces en péril vise principalement à empêcher la disparition des espèces en voie de disparition ou menacées, à aider à leur rétablissement et à gérer les espèces préoccupantes pour empêcher qu'elles ne deviennent des espèces en voie de disparition ou menacées.

Selon cette loi, vous ne pouvez pas éliminer un spécimen appartenant à une espèce en danger. Vous n'avez pas le droit non plus d'en détruire les œufs ou les nids. C'est pourquoi l'intervention précoce est si importante: une fois les petites familles bien installées, vous devrez les endurer au moins toute une saison, dans le cas des animaux migrateurs, ou alors utiliser vos meilleures stratégies pour empêcher l'animal de vous nuire outre mesure. Toutes sortes de stratégies sont expliquées dans ce livre. Vous en trouverez d'autres dans les différents sites Internet et les ouvrages mentionnés dans les «Références», à la page 138.

Consultez aussi la section «Les espèces menacées» (p. 129), présentée en conclusion de cet ouvrage. Vous y trouverez la liste des espèces classées en danger de disparition (la liste officielle recèle plusieurs catégories ou degrés de menace, mais je n'ai pas tenu compte ici de ces distinctions théoriques). Cette liste est très importante, car nuire à des membres de ces espèces constitue une infraction à la loi canadienne. Une personne avertie en vaut deux...

Au Québec, la Loi sur la conservation et la mise en valeur de la faune stipule par ailleurs que personne ne peut tuer un animal «qui l'attaque ou qui cause du dommage à ses biens» s'il est possible d'effrayer cet animal, ou simplement de l'empêcher de causer des dégâts (article 67). Si on trouve un animal sauvage mort ou blessé, peu importe qu'on soit responsable ou non de cet état, on doit immédiatement en avertir un agent de protection de la faune (article 68). Dans tous les cas, il est interdit de garder en captivité un animal vivant à l'état sauvage.

En Europe, de telles lois existent aussi pour protéger les espèces en danger.

Extraits de la Loi sur les espèces en péril du Canada

Article 32. (1) Il est interdit de tuer un individu d'une espèce sauvage inscrite comme espèce disparue du pays, en voie de disparition ou menacée, de lui nuire, de le harceler, de le capturer ou de le prendre. (2) Il est interdit de posséder, de collectionner, d'acheter, de vendre ou d'échanger un individu – notamment partie d'un individu ou produit qui en provient – d'une espèce sauvage inscrite comme espèce disparue du pays, en voie de disparition ou menacée.

Article 33. Il est interdit d'endommager ou de détruire la résidence d'un ou de plusieurs individus soit d'une espèce sauvage inscrite comme espèce en voie de disparition ou menacée, soit d'une espèce sauvage inscrite comme espèce disparue du pays dont un programme de rétablissement a recommandé la réinsertion à l'état sauvage au Canada.

Deuxième partie

Parlons
des petites bêtes...

Araignées
Mères de toutes les phobies

QU'EST-CE QUE C'EST?

Huit petites pattes qui en effraient plus d'un! Les araignées que nous connaissons dans nos contrées nordiques ne sont pas dangereuses. Tout au plus sont-elles la source de quelques cris de frayeur. Je suis moi-même assez alarmé à la vue de ces insectes pourtant si nobles: je sursaute, par exemple, lorsque je tourne la page d'un livre et que je vois, sans avertissement, un dessin d'araignée! Néanmoins, ces petites bêtes qui courent dans la maison m'étonnent et me fascinent... pourvu qu'elles ne me tombent pas dessus!

Les araignées qui habitent nos maisons se nourrissent d'acariens, de fourmis et même d'autres araignées. Elles effectuent de ce fait un contrôle biologique de la population d'insectes et, en ce sens, elles sont très utiles. Je me souviens d'avoir fait une entrevue avec M. Georges Brossard, le fondateur de l'Insectarium de Montréal et entomologiste de réputation internationale. Ce sympathique chasseur de bibittes (il déteste qu'on les appelle ainsi!) a avoué qu'il laissait toujours traîner quelques fils d'araignée chez lui, de sorte qu'il n'a jamais de problèmes de fourmis.

Il existe plus de 35 000 espèces et sous-espèces d'araignées dans le monde. Quelques-unes ne sont pas très commodes pour les petits mammifères. Par exemple, la grosse mygale peut manger des souris, mais elle vit seulement dans les pays chauds. Heureusement pour les habitants des pays nordiques, les espèces les plus volumineuses vivent sous les tropiques, en milieux sauvages. Dans les pays du Nord, les araignées dangereuses vivent... en captivité. Il y a bien quelques spécimens étonnants. J'ai déjà vu une araignée cartilagineuse de près de 10 cm (4 po) – en tout cas, elle m'a paru énorme! – se promener sur un quai au bord d'un lac de la Mauricie, au Québec.

QUEL DANGER ÇA REPRÉSENTE?

Trop, c'est comme pas assez. Quelques araignées dans une maison permettent en effet de contrôler d'autres types d'insectes, dont les fourmis. Mais trop, ça peut commencer à être le signe que quelque chose ne va pas. Comme les araignées mangent d'autres insectes, elles seront plus nombreuses à mesure que les populations de proies augmentent. La propreté des lieux devrait être à surveiller en premier lieu avant d'entreprendre un traitement draconien aux insecticides.

Par ailleurs, l'Insectarium de Montréal nous informe qu'au Québec, une seule espèce est capable de causer des nécroses en mordant. Il s'agit de la *Chiracanthium mildei* (*C. mildei*), qui mesure 7 mm (0,27 po) de long! Petite comme ça, on accepte de courir le risque. À ce propos, il semble que plus de 80 % des morsures attribuées à des araignées sont en fait causées par d'autres insectes, comme des puces, des tiques ou des acariens.

QUE FAIRE?

Les araignées font beaucoup plus partie de la solution que du problème. Elles répondent en effet à la présence de proies, celles-ci étant souvent attirées par les résidus de nourriture, le sucre, l'eau stagnante et les déchets en putréfaction. Veillez donc à garder votre maison et votre jardin bien propres. Ramassez les canettes de boisson gazeuse, nettoyez les verres d'alcool et déposez les ordures dans une poubelle propre. Si vous échappez un verre contenant du liquide (jus, alcool, café, etc.), lavez les dégâts avec de l'eau. Épongez les flaques d'eau stagnante aussi.

Vous remarquerez peut-être aussi que les araignées sont plus nombreuses quand vous vous absentez longtemps de la maison. C'est là un signe manifeste que la nature tend toujours à reprendre ses droits! Ne vous en faites pas: dès que vous aurez fait le ménage et que vous aurez réinvesti les lieux, elles disparaîtront. Pas totalement (elles se cachent!), mais elles ne vous importuneront plus. Quant à la peur qu'elles engendrent, l'arachnophobie, elle se soigne en thérapie. À quand mon rendez-vous?

UNE TIQUE, DEUX TIQUES, TROIS TIQUES...

Cousines des araignées et des acariens, les tiques se nourrissent de sang lors de tous les stades de leur développement (œuf, larve, nymphe et adulte) et transmettent plusieurs maladies. Elles sont particulièrement résistantes: difficiles à contrôler une fois qu'elles se sont installées quelque part, elles peuvent survivre pendant trois ans sans eau ni nourriture! Un bon entretien ménager suffit cependant à éviter qu'elles ne viennent vous importuner. Voilà une bonne chose, car leur morsure est douloureuse et guérit lentement, sans compter les risques de complications (inflammation, irritation, infection). En cas de morsure, consultez un médecin. Si c'est votre chat ou votre chien qui en est victime, emmenez-le chez un vétérinaire.

CANARDS ET SAUVAGINES
Avec une bouille comme ça...

QU'EST-CE QUE C'EST?

Y a-t-il un animal plus sympathique qu'un beau gros canard? Et en plus, c'est délicieux! Si l'appétit vous en prend, rappelez-vous qu'il y a des dates à respecter pour chasser un canard sauvage. Le faire hors saison constitue un acte de braconnage.

La protection de la sauvagine illustre bien le fait que la sauvegarde de l'environnement ne peut se faire en vase clos. En effet, les oiseaux migrateurs montent très au nord pendant la saison chaude. Ils s'envolent ensuite vers le sud quand le temps froid revient. En Amérique du Nord, ils parcourent ainsi des milliers de kilomètres, passant du Canada aux États-Unis puis au Mexique, sans se soucier des frontières humaines. Signé en 1986, le Plan nord-américain de gestion de la sauvagine est une initiative internationale de conservation à laquelle participent le Canada, les États-Unis et le Mexique et qui vise à rétablir les populations de sauvagines aux niveaux moyens des années 1970. C'est aussi un exemple de réussite pour un programme de conservation à l'échelle d'un continent.

QUEL DANGER ÇA REPRÉSENTE?

«J'ai un canard dans ma cour!» Voilà un cri d'alarme assez inhabituel! D'une part, c'est assez rare qu'un oiseau migrateur comme l'outarde ou le canard colvert décide de passer quelque temps près d'un endroit habité. D'autre part, il n'y a pas grand danger à le laisser se prélasser près de chez soi si ça lui chante.

Tout de même, il faut se rappeler qu'on ne doit jamais nourrir un animal sauvage, car cela ferait taire ses instincts et le rendrait dépendant à notre égard. L'animal doit demeurer fidèle à sa nature s'il veut survivre et ce ne serait certes pas une bonne idée que d'essayer de lui rendre la vie plus aisée!

Il faut aussi savoir que les dignes membres de la confrérie de la sauvagine ne volent pas pendant la période de mue, c'est-à-dire durant les mois de juillet et d'août. Ainsi, en été, on verra à les observer de loin sans les stresser inutilement. Si l'oiseau s'est installé près de chez soi, ça signifie qu'il faut garder le chien en laisse! En fait, il faut bien noter que la simple présence d'un chien suffit pour que l'oiseau aille nicher ailleurs…

QUE FAIRE?

Vous avez un canard dans votre cour? Quelle chance vous avez! C'est tellement mignon… et rare! Pour éviter tout ennui, ne nourrissez jamais les animaux sauvages, dont les canards. Ils sont bien capables de subvenir eux-mêmes à leurs besoins. Ne pas les nourrir signifie ne pas leur donner directement de la nourriture, mais aussi ne pas les laisser se servir dans les poubelles!

À moins que le canard ne soit blessé, vous ne devriez pas avoir besoin de le déloger ni de demander l'intervention d'un agent de la faune.

LA CONVENTION SUR LES OISEAUX MIGRATEURS

La Loi de 1994 sur la convention concernant les oiseaux migrateurs dit que nul ne peut, sans excuse valable, avoir en sa possession un oiseau migrateur ou son nid; acheter, vendre, échanger ou donner un oiseau migrateur ou son nid, ou en faire le commerce. Les oiseaux dont le nom suit sont protégés en vertu de cette convention:

1. Les oiseaux migrateurs considérés comme gibier: anatidés ou sauvagines (canards, oies et

bernaches, cygnes); gruidés ou grues (petite grue brune, grue du Canada, grue blanche d'Amérique); rallidés ou râles (foulques, gallinules, râles); charadriidés, haematopodidés; recurvirostridés et scolopacidés ou oiseaux de rivage (comprenant les pluviers et les vanneaux, les huîtriers, les échasses et les avocettes, les chevaliers et les bécasseaux et espèces voisines); et columbidés (tourterelles et pigeons sauvages).

2. Les oiseaux migrateurs insectivores: aegithalidés (mésanges à longue queue et mésanges buissonnières); alaudidés (alouettes); apodidés (martinets); bombycillidés (jaseurs); caprimulgidés (engoulevents); certhiidés (grimpereaux); cinclidés (cincles); cuculidés (coulicous); emberizidés (comprenant les bruants, les parulines, les tangaras, les cardinaux et espèces voisines, le goglu, les sturnelles, les orioles, mais pas les carouges ni les vachers et les quiscales); fringillidés (comprenant les pinsons, les sizerins, les roselins, les chardonnerets, les gros-becs et durbecs); hirundinidés (hirondelles); laniidés (pies-grièches); mimidés (moqueurs et espèces voisines); motacillidés (bergeronnettes et pipits); muscicapidés (comprenant les roitelets, les

gobe-moucherons, les merles et les grives); paridés (mésanges); picidés (pics et espèces voisines); sittidés (sitelles); trochilidés (colibris); troglodytidés (troglodytes); tyrannidés (tyrans et moucherolles); et vireonidés (viréos).

3. Les autres oiseaux migrateurs non considérés comme gibier: alcidés (pingouins, alques, guillemots, marmettes et macareux); ardeidés (hérons et butors); hydrobatidés (pétrels tempête); procellariidés (diablotins et puffins); sulidés (fous); podicipedidés (grèbes); laridés (goélands et mouettes, labbes et sternes); gaviidés (huarts).

CHAUVES-SOURIS
Dracula, sors de ce corps!

QU'EST-CE QUE C'EST?

Il existe près de 950 espèces de chauves-souris dans le monde. En Europe, on en compte 38 tandis que le Québec en a 8. Leur population décline toutefois à l'échelle de la planète, principalement à cause de l'activité humaine et de la destruction des aires habitables. Seul mammifère capable de voler (la chauve-souris vole et ne plane pas comme peut le faire un écureuil, par exemple), la chauve-souris est sans danger pour l'être humain. Ce n'est donc qu'une légende populaire qui en fait l'incarnation du Mal.

En fait, les chauves-souris sont bénéfiques pour l'être humain, car elles représentent l'un des meilleurs moyens de contrôler biologiquement les populations d'insectes. Si vous en avez dans votre cour, c'est peut-être que vous abritez sans le savoir un impressionnant garde-manger de petites bestioles! Ne chassez donc pas les chauves-souris, car elles se nourrissent d'insectes quand elles volent. Et elles ont bon appétit: une chauve-souris peut manger plus de 600 moustiques à l'heure et une colonie de 500 chauves-souris peut déguster plus d'un million d'insectes par nuit! Sachant cela, on accepte mieux de les voir voleter çà et là une fois la nuit tombée…

QUEL DANGER ÇA REPRÉSENTE?

Elles sont bruyantes et produisent des excréments, mais elles ne causent aucun dommage à la structure des bâtiments, contrairement aux rongeurs, par exemple. Sauf en de très rares cas, les chauves-souris ne sont pas dangereuses et ne s'attaquent pas à l'être humain. Il est toutefois possible que ces petites bêtes soient porteuses de la rage, une maladie mortelle. Il est donc important de consulter immédiatement un médecin si vous apercevez des marques rouges (morsures ou griffures) sur votre corps et que vous avez des raisons de croire qu'elles peuvent avoir été faites par une chauve-souris. C'est d'autant plus important que ces marques pourraient avoir été faites sans que vous n'en ayez eu connaissance, pendant la nuit, par exemple. Si c'est votre animal de compagnie qui semble avoir été mordu, emmenez-le immédiatement chez un vétérinaire. Si c'est la chauve-souris elle-même qui semble blessée ou malade, contactez un agent de la faune.

Si une chauve-souris entre dans votre maison, ne paniquez pas. Souvent, ces animaux se cherchent un nid douillet, les aires habitables étant de moins en moins nombreuses dans la nature en raison de la présence et de l'activité humaines. Portez des gants épais et munissez-vous d'un balai ou d'un grand bâton. Enfermez l'animal dans une pièce et fermez toutes les autres portes intérieures. Ouvrez une fenêtre et essayez de pousser l'animal vers la sortie. Les chauves-souris sont incapables de prendre leur envol depuis le sol. Laissez-la donc s'accrocher aux poils d'un balai pour l'emmener près de la fenêtre. Vous pouvez aussi placer un contenant sur elle et glisser lentement celui-ci sur le plancher puis sur le mur, jusqu'à la fenêtre. Faites le ménage par la suite. Lavez tout ce qui est entré en contact avec la bête, même les gants, car l'animal est couvert d'acariens et, dans le cas d'un spécimen atteint de la rage, sa salive peut contenir le virus.

Autre élément à surveiller: les excréments, ou guano, qui peuvent sentir assez fort. Pour faciliter le nettoyage, épandez du sable sous le dortoir des chauves-souris. Un coup de balai fera le reste.

QUE FAIRE?

Comme les chauves-souris se trouvent sur la liste des animaux menacés d'extinction, on ne peut pas les éliminer ni même les déplacer. Si c'est nécessaire de le faire, on doit d'abord contacter les autorités fauniques. Pour éviter d'avoir des chauves-souris dans sa cour ou, pire, dans sa maison, on verra à contrôler ce qui les attire.

Premièrement, si on coupe les vivres aux chauves-souris, elles iront s'établir ailleurs. Ainsi, assurez-vous de garder votre cour propre. Évitez notamment de laisser traîner des verres d'alcool, de jus ou de boissons gazeuses, car le sucre attire les insectes qui, à leur tour, attireront les chauves-souris. Épongez aussi les flaques d'eau stagnante qui sont autant de bassins où se développent les insectes. Deuxièmement, les lumières blanches attirent les chauves-souris. Changez vos ampoules extérieures par des ampoules de couleur jaune et, la nuit, éteignez les lumières. Troisièmement, quelques boules à mites (naphtaline) bien placées peuvent servir de répulsif.

Si une chauve-souris s'est installée au grenier, attendez qu'elle en sorte, en soirée, pour boucher les accès. Soyez vigilant: l'animal peut entrer par une ouverture grande comme une pièce de monnaie! Et comme il s'agit d'un animal en péril, on ne peut plus rien faire lorsque les parents s'occupent de leurs petits, soit du mois de mai au mois d'août.

Quoi qu'il en soit, quand elles restent à l'extérieur, les chauves-souris sont d'un précieux secours pour contrôler la quantité d'insectes dans votre cour. Si le cœur vous en dit, vous pouvez même construire un nichoir pour les garder à proximité.

CORBEAUX ET CORNEILLES
L'axe du Mal

QU'EST-CE QUE C'EST?

Ces grands oiseaux noirs sont souvent associés au Mal. Dans l'imagerie populaire, ils sont considérés comme les yeux du diable! Dans le film *The Birds* (*Les Oiseaux*), chef-d'œuvre d'horreur d'Alfred Hitchcock, les corbeaux se joignaient aux mouettes pour s'attaquer à une dame dont l'unique péché aura été de donner en cadeau deux oiseaux (des inséparables) en cage.

Bien sûr, les oiseaux, pas plus que les autres animaux, ne connaissent le sentiment de vengeance. Toutefois, ce sont des espèces très intelligentes qui savent profiter de leur environnement. Ainsi, ces oiseaux construisent habituellement leur nid à l'aide de brindilles entrelacées qu'ils recouvrent de fourrure récupérée sur des animaux morts. En ville, ils optent pour des matériaux plus modernes comme du rembourrage d'ameublement, de la corde et de la toile.

Répartis sur presque tout l'hémisphère nord de la Terre, les corbeaux et les corneilles se ressemblent beaucoup. Les corbeaux sont plus grands et ont une queue taillée en biseau, alors que l'extrémité de la queue des corneilles est carrée. Il y a quelques autres différences dans la manière de voler des deux bêtes, ainsi que dans leur cri. Toutefois, en ce qui nous concerne ici, c'est-à-dire dans les cas où des corbeaux ou des corneilles seraient source de problèmes, nous en parlerons comme s'il s'agissait de la même espèce.

QUEL DANGER ÇA REPRÉSENTE?

Le menu des corbeaux et des corneilles est très varié. Il comprend des insectes, des petits rongeurs, des serpents, des lézards, des grenouilles, des graines, des bourgeons, des ordures et des carcasses abandonnées. Si ces oiseaux ne posent pas de problème à votre santé, ne les dérangez pas: ils pourront alors vous débarrasser d'autres animaux potentiellement importuns.

Évidemment, vivre près des corbeaux et des corneilles peut avoir certains inconvénients. Par exemple, on accepte sans trop rechigner que de petits oiseaux s'amusent dans notre cour. S'il arrive que ces petites bêtes ailées, aveuglées par un reflet de soleil, se cognent la tête contre la fenêtre, elles s'en remettent généralement. Mais si un corbeau se frappe contre la fenêtre, bonjour les dégâts!

Si vous apercevez une corneille ou un corbeau blessé, téléphonez à un organisme s'occupant de soigner les oiseaux. On vous demandera peut-être de capturer l'animal pour le confier à des spécialistes. Si c'est le cas, portez des gants et faites très attention, car les corneilles et les corbeaux pourraient essayer de vous mordre ou de vous griffer.

QUE FAIRE?

Avis à ceux et celles qui voudraient les chasser de leur cour arrière: les corneilles et les corbeaux sont protégés par la Loi de 1994 sur la convention concernant les oiseaux migrateurs et ne peuvent donc pas être piégés sans permis. On peut toutefois en obtenir un sous certaines conditions en communiquant avec un agent de la faune. Si les oiseaux représentent un danger pour la santé humaine ou s'ils causent de réels dommages, ils peuvent être relocalisés par un agent de la faune. Toutefois, une telle action n'a pas toujours les effets escomptés. Souvent, d'autres individus prennent la place de ceux qui viennent de quitter.

Pour éviter que les corbeaux et corneilles ne s'approchent de trop près de chez vous, enlevez toute la nourriture qui pourrait leur être disponible. Fermez bien vos poubelles, quitte à déposer une brique sur le couvercle. Pendant quelque temps, vous pourrez aussi enlever les mangeoires destinées aux autres oiseaux.

Quelques assiettes d'aluminium attachées aux arbres ou à des piquets dans le jardin vous permettront d'éloigner ces gros oiseaux noirs.

Notez par ailleurs qu'il faut contacter immédiatement un agent de la faune si vous trouvez un oiseau mort. L'oiseau peut avoir été porteur du virus du Nil occidental, une maladie transmissible à l'être humain et qui peut se révéler mortelle dans certains cas extrêmes.

UNE BAGUE À LA PATTE?

Que faut-il faire si on trouve un oiseau mort ou blessé qui porte une bague à la patte? Au Canada, on retrace seulement 10 % des bagues posées aux oiseaux considérés comme gibier et moins de 1 % des bagues posées sur des oiseaux chanteurs. Si vous trouvez un oiseau bagué ou une bague d'oiseau, notez le plus d'informations possible à propos de l'oiseau. Ces informations aideront les scientifiques et les chercheurs à approfondir leurs connaissances sur nos populations d'oiseaux, à les surveiller et à les conserver. Si vous trouvez un oiseau vivant, n'essayez pas de lui enlever sa bague, cela risquerait de blesser sa patte. Essayez plutôt de noter les éléments suivants:

1. Les chiffres, en séquence, apparaissant sur la ou les bagues;

2. Les couleurs et les matériaux de toute bague ou étiquette en plus de la bague de métal;

3. La date à laquelle a été trouvé ou observé l'oiseau ou la bague;

4. L'endroit exact où a été trouvé ou observé l'oiseau ou la bague;

5. L'espèce, le sexe et l'âge de l'oiseau (si vous les connaissez);

6. L'état de l'oiseau, c'est-à-dire s'il était vivant, mort, blessé, libre ou pris au piège;

7. La façon dont l'oiseau est mort, le cas échéant.

Communiquez l'information au Bureau de baguage d'oiseaux, du Service canadien de la faune au 1 800 327-2263 ou aux autorités compétentes du pays où vous vous trouvez.

COULEUVRES
**Les serpents qui n'étaient pas
des langues de vipère**

QU'EST-CE QUE C'EST?

Couleuvre ou serpent? Disons que des couleuvres, ce sont des serpents non venimeux. La plupart du temps, quand nous croyons apercevoir un serpent, il s'agit donc d'une couleuvre, car les serpents dangereux (vipères, boas, serpents à sonnette, etc.) vivent principalement en zones arides.

Il existe plusieurs types de couleuvres (environ 2 300 espèces) et elles sont réparties partout sur la planète, sauf en Antarctique. Au Québec, la couleuvre rayée, mesurant de 60 à 80 cm (23 à 31 po), est un serpent commun. Il y en a six autres espèces: la couleuvre d'eau, la couleuvre brune, la couleuvre à ventre rouge, la couleuvre à collier, la couleuvre verte et la couleuvre tachetée. Les plus grandes peuvent mesurer un peu plus de 1 m (de 3 à 4 pi).

En France, on trouve notamment la couleuvre de Montpellier, qui atteint 2,25 m (7 pi 6 po). C'est peut-être impressionnant, mais il reste que les couleuvres ne représentent pas vraiment de danger pour l'être humain. Tout au plus ce dernier ressentira un léger dégoût à la vue de ces animaux rampants et pas particulièrement sympas. Fait à noter, en règle générale, plus on va vers le nord, plus les spécimens sont petits.

Évidemment, ce n'est peut-être pas très intéressant de vivre à côté d'une ou de plusieurs de ces bêtes, mais la plupart du temps, vous ne les apercevrez même pas. En effet, les couleuvres ne sont pas faciles à observer. Elles se promènent sous les amas de bois ou les rochers et se fraient un chemin dans les herbes hautes, à l'abri de leurs nombreux prédateurs, comme le raton laveur, le renard roux, le vison, la mouffette, les buses, ainsi que d'autres reptiles et amphibiens.

QUEL DANGER ÇA REPRÉSENTE?

Les couleuvres sont inoffensives, jusqu'à un certain point. Après tout, ce sont des carnivores. Tous les serpents sont carnivores. Ils mangent donc d'autres animaux. Parfois, ils se limitent à de petits insectes, mais de plus gros individus peuvent se nourrir de petits mammifères, comme des lapins. Ne parlons pas des plus féroces prédateurs, qu'on ne rencontre pas chez nous. Les spécimens non venimeux de nos contrées nordiques ne vous injecteront aucune substance toxique, mais leur morsure peut être très douloureuse et entraîner un saignement abondant.

La couleuvre ne prend toutefois pas l'humain comme proie. Si on ne la taquine pas de trop près, il n'y a donc aucun risque d'être mordu. Si on en voit une, on n'a qu'à la laisser filer.

QUE FAIRE?

Un peu comme les souris, les couleuvres se terrent sous les amas de pierres ou de bois. Évitez donc de leur donner un tel terrain de jeu. Installez, par exemple, votre bois de chauffage sur une surface surélevée.

Si vous possédez de petits animaux de compagnie comme des hamsters ou des lapins, évitez de les laisser jouer en liberté près d'un endroit où vous avez déjà observé des couleuvres. Encore une fois, prévenir c'est guérir et comme les couleuvres se nourrissent parfois de petits animaux, il vaut mieux ne pas «tenter le diable»!

Enfin, six des espèces de couleuvres qu'on trouve au Québec ont été inscrites sur la liste des animaux menacés de disparition ou vulnérables. Il s'agit des couleuvres à collier, brunes, d'eau, tachetées, minces et vertes. Mais comme on n'a pas toujours son petit guide de référence pour savoir à quel type on a affaire, il vaut mieux les laisser ramper tranquillement vers leurs cachettes.

LE SERPENT OU LA POMME?

Au jardin d'Éden, Adam et Ève ont succombé à la tentation à laquelle les exposait le diable qui avait pris, pour l'occasion, la forme d'un serpent. La fameuse pomme fut croquée, geste qui fit plonger l'humanité dans le péché et lui fit perdre la jouissance du paradis terrestre. Et voilà d'où, culturellement, vient cette espèce de peur viscérale que nous éprouvons pour les serpents. Pourtant, il vaut mieux en rire, comme l'a fait Pierre Sabatier dans *Le Livre de la déraison souriante*: «Adam et Ève furent punis d'être végétariens. Ils auraient dû manger le serpent.»

COYOTES ET LOUPS
Hurler à la lune

QU'EST-CE QUE C'EST?

Qu'est-ce qui distingue les coyotes des loups? Les premiers sont des chasseurs solitaires et mangent ordinairement de petits animaux, tandis que les seconds chassent en meutes et mangent, entre autres, des coyotes! Ces deux espèces préfèrent les grands espaces et viennent rarement dans les villes. Les gens qui habitent la campagne peuvent toutefois apercevoir un coyote en bordure des champs, des terrains de golf et d'autres endroits à découvert. Quant aux loups, ce sont des animaux plus sauvages qui habitent dans les forêts. Comme les véritables forêts sont de plus en plus rares et éloignées des centres urbains, les loups se font très discrets. Heureusement d'ailleurs, car le contact avec un être humain risquerait d'être douloureux pour le bipède…

Les coyotes n'ont presque plus de prédateurs naturels. Ils en ont donc profité pour étendre leur territoire. Qui plus est, c'est un animal drôlement bien conçu: si les temps devenaient durs, la femelle aurait une portée plus nombreuse qu'à l'habitude et mettrait au monde des petits chiots plus résistants!

Par ailleurs, comment fait-on pour distinguer un coyote d'un simple chien errant? Regardez les oreilles de la bête: si c'est un coyote, ses oreilles sont bien droites sur sa tête. Observez aussi la base et l'extrémité de sa queue: vous devriez y distinguer une fourrure noire.

QUEL DANGER ÇA REPRÉSENTE?

Les loups et les coyotes sont de dangereux prédateurs. Les premiers vivent en groupe selon un ordre hiérarchique précis. Par contre, les seconds se regroupent uniquement quand ils sont très nombreux ou qu'ils ont découvert une importante source de nourriture.

Les loups vivent en forêt et n'aiment pas beaucoup entrer en contact avec des êtres à deux pattes. Si vous en rencontrez un au hasard d'une promenade dans les bois, cherchez à le faire fuir en faisant beaucoup de bruit. Mais ça reste une rencontre peu probable, heureusement.

Les coyotes, eux, sont moins prévisibles. Comme ils ressemblent à de gros chiens, certaines personnes peuvent avoir l'impression qu'ils sont inoffensifs. Gardez vos distances: les griffes et les dents des coyotes sont de véritables armes mortelles.

QUE FAIRE?

Pour éviter les mauvaises rencontres, mieux vaut éviter ce qui les occasionne. En effet, les coyotes sont souvent attirés par la nourriture que les propriétaires de chien laissent sur le balcon ou dans la cour, près de la niche. Par prudence, si vous habitez dans un secteur où on a déjà aperçu des coyotes ou des loups, nourrissez vos animaux de compagnie à l'intérieur. Il sera aussi préférable de garder vos petits compagnons bien en vue, car le contact avec un loup ou un coyote pourrait avoir de funestes conséquences.

Si vous avez installé des mangeoires à oiseaux, retirez-les en attendant que la menace soit passée. Nettoyez les poubelles aussi: les coyotes mangent de tout, alors il vaut mieux ne pas les inviter à prendre un bon repas chez vous. Si cela arrive, vous pourrez repousser l'animal avec un jet d'eau. Corrigez vite la situation pour éviter qu'il ne revienne. Si jamais l'animal revient quand même sur les lieux ou s'il est blessé, consultez un agent de la faune.

Notez également que les coyotes se dissimulent parfois derrière une végétation dense, ou sous les branches d'arbres quand celles-ci descendent jusqu'au sol. En coupant les branches basses, des conifères notamment, on empêche les coyotes de se servir d'une de leurs cachettes préférées.

Le pire peut toujours se produire. Dans tous les cas de morsure, il faut vite consulter un médecin. Si c'est un animal domestique qui est la victime, allez chez le vétérinaire immédiatement. Après tout, aucun animal sauvage ne prend le temps de se brosser les dents après avoir croqué dans un morceau de choix ou après avoir terminé sa toilette...

S.O.S. BRACONNAGE

Si vous êtes témoin d'un acte de braconnage, rapportez-le à un agent de protection de la faune en communiquant avec S.O.S. Braconnage au 1 800 463-2191. Vous aurez à donner des renseignements quant à la date, l'heure, le lieu de l'événement et la nature de l'infraction, et vous aurez aussi à identifier ou donner une brève description du contrevenant.

Si possible, il vous faudra décrire le véhicule employé par le braconnier, ainsi que le numéro d'immatriculation du véhicule le cas échéant. Si vous habitez hors du Québec, notez ici le numéro de téléphone à composer en pareil cas:

_____

ÉCUREUILS
Une histoire de queues touffues

QU'EST-CE QUE C'EST?

Les écureuils sont de petits rongeurs enjoués qui animent autant les chaudes journées d'été que les froids après-midi d'hiver. Ils sont si mignons! Et c'est encore plus vrai quand ils sont tout petits. La queue ébouriffée formant un grand S, les écureuils mettent de la vie dans le paysage urbain.

Les principales espèces que l'on rencontre au Québec sont les écureuils roux et les écureuils gris. Il existe aussi d'autres rongeurs (voir le chapitre «Rongeurs», plus loin), mais les écureuils, surtout les gris, sont particulièrement bien adaptés à la vie dans les grands centres urbains. Ils nichent dans les arbres et leur population est constante, car ils trouvent toujours de quoi se nourrir. Parfois, ce sont les humains eux-mêmes qui les nourrissent de façon plus ou moins involontaire.

L'écureuil gris mesure jusqu'à 50 cm (20 po) avec la queue, alors que le roux ne dépasse guère 35 cm (14 po). D'autres animaux plus petits font preuve de mœurs assez semblables, comme le tamia rayé, aussi appelé suisse, qui fait jusqu'à 27 cm (11 po). Tous mangent des graines et peuvent pousser l'effronterie jusqu'à chaparder dans les mangeoires à oiseaux.

QUEL DANGER ÇA REPRÉSENTE?

Les écureuils sont des rongeurs. Leurs dents sont très pointues et une morsure peut faire très mal. On a même relevé des cas d'attaques subites et inexpliquées de la part d'écureuils gris. Comme il s'agit d'un animal qui ne se brosse pas souvent les dents, il est conseillé de consulter un médecin si on est mordu. D'ailleurs, dans toute intervention auprès de ces animaux, il est préférable de porter des gants épais. C'est d'autant plus prudent que ces petites bêtes peuvent aussi abriter des puces dans leur fourrure!

Les écureuils sont responsables de bien des délits. Ils peuvent ronger les fils électriques et causer des incendies. Ils «squattent» les mangeoires à oiseaux, peuvent déterrer des bulbes de plantes ornementales et ronger l'écorce de certains arbres. Ils peuvent passer par des trous grands comme le fond d'une bouteille de bière et quand ils entrent quelque part, il n'est pas facile de les en faire sortir.

QUE FAIRE?

Un jour, je me préparais à aller reconduire mes enfants à la garderie quand j'ai aperçu, tout près de ma voiture, un tout petit écureuil tremblotant. Que faire? L'animal semblait bien avoir été abandonné. Mais comment m'en assurer? Autre ennui: devais-je oui ou non le déplacer pour éviter de l'écraser sous une roue?

Première chose à savoir: intervenir le moins possible! On s'assure seulement qu'on ne causera aucun tort à l'animal. À l'aide d'un bâton ou d'un balai, ou avec les mains si on porte des gants, on tentera de repousser l'écureuil vers la végétation.

Pour savoir si un bébé écureuil a été abandonné, pincez la peau de son cou. Si elle retombe normalement, c'est que l'animal est hydraté. Ses parents ne sont sûrement pas très loin. Ce sont encore les meilleurs alliés de cette petite bête. Écartez-vous et laissez la nature suivre son cours. Par contre, si la peau reste en l'air après avoir été

pincée, c'est que l'animal commence à se déshy-
drater. Pour lui porter secours, téléphonez à la
SPCA ou à un organisme de protection de la
faune.

Pour protéger les bulbes de plantes, ajoutez
de la farine de sang et d'os à la terre.

Vous pouvez aussi vous fabriquer un produit répulsif en mélangeant 30 ml (2 c. à soupe)
de sauce Tabasco et autant de poivre de Cayenne
dans un litre (4 tasses) d'eau. Arrosez les tiges des
plantes préférées de vos écureuils à l'aide de cette
mixture. En «dernier» recours, procurez-vous un
bon gros chat pas dégriffé! Dans ce cas toutefois,
vous devrez aller chez le vétérinaire si le chat a
une altercation avec un écureuil...

Enfin, si vous voyez quelque chose flotter
dans votre piscine, c'est peut-être un écureuil.
Avec un peu de chance, l'animal sera encore
vivant. Cette situation s'est déjà produite chez
moi. Je dois dire que j'ai été très chanceux de pouvoir intervenir à temps, car nous étions au début
du printemps et l'eau était très froide. L'année
précédente, j'avais repêché un chat mort, complè-

tement gelé. Cette fois, l'écureuil nageait encore. J'ai pu le sortir avec l'épuisette. Il lui a fallu trois ou quatre minutes pour retrouver ses esprits et repartir d'un pas plus ou moins alerte.

NOURRIR LES ANIMAUX: DANGER

Nourrir un animal sauvage le dénature, le rend dépendant de l'être humain. Quand l'animal sait que quelqu'un le nourrit, il cesse de chasser, ce qui entraîne un déséquilibre écologique. Il ne faut donc jamais nourrir un animal sauvage, qu'il s'agisse d'un mignon faon, d'un vilain coyote (attention à la nourriture pour chien laissée près de la niche) ou même d'un écureuil. Il y a bien une exception à la règle: les oiseaux, qui ne dépendent jamais d'une seule source d'approvisionnement en nourriture.

FOURMIS
Faites place aux ouvrières

QU'EST-CE QUE C'EST?

Quiconque voudrait anéantir les fourmis se lancerait dans une entreprise vouée à l'échec. En fait, s'il n'y avait plus rien sur la Terre, les fourmis grouilleraient encore!

Les fourmis vivent en groupes organisés. Au Québec, on en dénombre des dizaines d'espèces, dont les petites fourmis noires, les fourmis odorantes, les fourmis gâte-bois ou charpentières, les fourmis brunes des champs et les fourmis noires des champs. Pour le néophyte, elles restent tout simplement des fourmis!

QUEL DANGER ÇA REPRÉSENTE?

Les fourmis que l'on connaît dans les pays du Nord ne représentent pas de réel danger. En trop grand nombre, elles peuvent paraître assez disgracieuses mais, plutôt que de s'attaquer à elles, on devrait chercher la raison pour laquelle elles s'installent en si grand nombre en un lieu précis. La proximité de la nourriture est toujours une bonne piste à suivre...

Une espèce de fourmi est réellement menaçante dans les pays du Nord: la fourmi charpentière. Une petite pile de fins copeaux de bois sous une poutre, ou toute autre pièce de bois de charpente apparente, indique la présence de ces ouvrières qui y creusent des galeries. En fait, les fourmis charpentières causent de réels dommages aux structures de bois où elles creusent leur nid.

Si on constate une infestation de fourmis, c'est peut-être qu'il est temps de procéder à un bon nettoyage des armoires et de changer les méthodes d'entreposage des aliments. En effet, les fourmis cherchent de la nourriture et s'installent là où elles en trouvent. Des céréales sucrées, un pot de miel ou de mélasse qui a coulé ou un paquet de biscuits oublié au fond d'une armoire peuvent les attirer. Gardez la maison propre: ramassez toutes les miettes. Assurez-vous que les contenants de nourriture sont bien scellés et jetez un coup d'œil derrière les électroménagers.

Si vous cherchez d'où arrivent toutes ces fourmis, suivez ce joyeux conseil du Centre d'information sur la nature en milieu urbain: «Pour trouver un nid, donnez une goutte de miel à une fourmi. Elle retournera directement à la colonie. Tout ce qui vous reste à faire est de la suivre (amusez-vous!)»

L'herbe à chat, la menthe poivrée, la sauge, la menthe verte et la tanaisie sont des plantes répulsives pour les fourmis. Comme ce sont des plantes envahissantes (la tanaisie est aussi toxique pour les humains), on les fera pousser en pots. On étendra des feuilles coupées de ces plantes aux endroits où on veut créer des barrières contre les fourmis. Évitez cependant les pivoines, car les fourmis les adorent!

QUE FAIRE?

Pour prévenir l'arrivée massive de fourmis chez vous, assurez-vous qu'il n'y a pas de bois pourri autour de la maison. Réparez les fuites d'eau et asséchez les sections humides de votre résidence. Calfeutrez les crevasses et les trous dans les murs à l'aide de silicone.

Pour éliminer une colonie qui a élu domicile dans votre maison, deux produits sont particulièrement intéressants: l'acide borique et la terre diatomée. L'acide borique agit comme un insecticide car les fourmis l'ingèrent en se nettoyant. On l'appliquera en poudre dans les fissures ou les crevasses de la cuisine ou de la salle à manger. La terre diatomée (dioxyde de silicium), quant à elle, est une fine poudre qui ressemble à des cristaux coupants quand on la regarde au microscope. Elle déshydrate les fourmis (ainsi que d'autres insectes), qui meurent en deux semaines après l'application. Tant qu'elle est sèche, la terre diatomée demeure active.

Enfin, lisez ceci si vous désirez vous attaquer à des colonies de fourmis à l'extérieur de chez vous (ou si vous ne pouvez plus marcher sur la pelouse tant il y a de bosses formées par les fourmis creusant leurs nids). Les fourmis aiment le sucre, mais un agent contenu dans les pelures d'agrumes leur fait horreur. Vous pouvez donc concocter une potion anti-fourmis en passant au mélangeur des pelures d'oranges, de citrons et d'autres agrumes, puis en diluant la pâte avec du jus. La poudre de chili, le cidre, le piment de Cayenne, les piments Jalapeños et la racine de wasabi (raifort japonais) sont d'autres ingrédients mortels pour les fourmis, tout comme la bonne vieille rasade d'eau bouillante versée directement dans la fourmilière.

À BAS LES INSECTICIDES!

Selon le Service d'information sur la nature en milieu urbain de l'Université McGill, environ 500 espèces d'insectes ont développé une forme de résistance aux pesticides chimiques. En 1975, il n'y en avait que 137. Les insecticides naturels sont à privilégier. Pour éloigner les insectes de vos plantes, faites bouillir 450 g (1 lb) de feuilles de rhubarbe dans 2 litres (8 tasses) d'eau pendant 20 minutes. Enlevez les végétaux et ajoutez un peu de savon à vaisselle. Vaporisez les endroits infestés. Vous pouvez aussi passer au mélangeur un oignon, de l'ail et du poivre de Cayenne. Mélangez cette mixture à 16 litres (4 gallons) d'eau, laissez reposer pendant 24 heures, filtrez et vaporisez.

GRENOUILLES
Victimes de toutes les pollutions

QU'EST-CE QUE C'EST?

Les grenouilles, crapauds et rainettes sont des amphibiens, c'est-à-dire qu'ils respirent l'air mais vivent dans des milieux aquatiques. Ainsi, ils sont exposés à toutes les formes de pollution: celle de la terre, celle de l'air et celle de l'eau. Ce n'est pas pour rien que les scientifiques s'inquiètent de la santé des grenouilles: si leur santé vacille, c'est que l'environnement est empoisonné. Or, de plus en plus de spécimens dotés de malformations sont observés. C'est bien là le signe que la nature est malade!

Plusieurs espèces de grenouilles, de crapauds et de rainettes se trouvent donc sur la liste des animaux en péril. Non seulement ces animaux sont-ils victimes de la pollution, mais ils voient aussi l'être humain réduire constamment leur terrain de jeu. En asséchant sans cesse des milieux humides pour y construire n'importe quel centre commercial, nous favorisons la disparition d'animaux extrêmement importants pour l'équilibre de nos écosystèmes.

En plus de la pollution et de la destruction des milieux humides, l'introduction d'espèces exotiques et la propagation de micro-organismes étrangers ajoutent aux dangers qui guettent les grenouilles. Leur chant se fait d'ailleurs de plus en plus rare, même par une chaude soirée d'été à la campagne.

QUEL DANGER ÇA REPRÉSENTE?

Il est très rare que les grenouilles représentent une nuisance, sauf pour leurs semblables! En effet, certains gros spécimens comme les ouaouarons peuvent manger les bébés d'autres espèces plus petites. Néanmoins, l'être humain représente bien plus un danger pour les grenouilles que le contraire. Si j'en parle, c'est que nous détenons un certain pouvoir de les aider, ou du moins d'arrêter de leur nuire.

«Au Canada, la destruction et la modification de l'habitat sont probablement les deux principales menaces pour les grenouilles», indique le site Internet de l'organisme Attention Nature, qui exprime assez bien la problématique à laquelle font face ces batraciens. Voici donc la suite de cette explication: «Plus de la moitié des marécages historiques du sud du pays ont été drainés. La perte réelle d'habitat de reproduction est peut-être encore plus grande, parce que la vie des grenouilles dépend souvent de petits étangs et de prés inondés temporairement, c'est-à-dire des genres d'habitats que les humains remplissent ou drainent sans y songer à deux fois. Et cela est sans compter les modifications de l'habitat entre les marécages. Parce que beaucoup de grenouilles quittent leur site d'hibernation à la fin de l'hiver pour se rendre à leur étang de reproduction, la construction d'une route entre-temps entre les deux endroits peut signifier le massacre et la perte d'une population entière. La diminution du nombre de marécages et la propagation des environnements hostiles qui les séparent fait souvent en sorte qu'il est difficile ou même impossible pour les grenouilles de repeupler naturellement les étangs à la suite de la perte d'une population.»

QUE FAIRE?

Les grenouilles constituent un baromètre de la qualité de notre environnement. Pour les protéger, le mieux est de ne pas leur nuire. Ces animaux vivent près des étangs et des cours d'eau. On préservera leur habitat en laissant pousser la végétation près des rives.

Selon l'étude *Malformations rencontrées chez les anoures [amphibiens sans queue] vivant en milieu agricole au Québec*, réalisée par le Service canadien de la faune, région du Québec, des malformations ont été observées chez les crapauds d'Amérique, les grenouilles des bois, les grenouilles du nord, les grenouilles léopards, les grenouilles vertes, les ouaouarons, les rainettes crucifères et les rainettes versicolores. L'étude avance que les malformations au niveau des pattes sont plus fréquentes dans les sites exposés aux pesticides sans toutefois conclure hors de tout doute à une relation de cause à effet entre les malformations et les pesticides. Le principe de précaution, en ce qui a trait aux grenouilles, voudrait néanmoins qu'on évite d'utiliser des pesticides chimiques.

CUISSES POUR FINS GOURMETS

Les grenouilles étant protégées, comment les cuistots font-ils pour se procurer leurs cuisses? En fait, les cuisses de grenouilles vendues sur le marché proviennent d'élevage ou de pays où l'espèce n'est pas protégée. Toutefois, comme le souligne le très militant site Internet VegAnimal.info, ces pays se retrouvent avec un autre problème: la chasse aux grenouilles fait diminuer la population de batraciens, ce qui entraîne une prolifération de moustiques que l'on doit combattre à grands renforts de pesticides. Cherchez l'erreur…

GUÊPES, ABEILLES ET BOURDONS
Ça fait mal!

QU'EST-CE QUE C'EST?

Disons d'entrée de jeu que les abeilles, les guêpes et les bourdons sont des insectes bienfaiteurs, car ce sont des prédateurs qui contrôlent les populations d'autres espèces d'insectes et assurent la circulation du pollen des fleurs. Sans eux, par exemple, bien des fruits ne pourraient pas pousser!

Il existe plus de 2 000 variétés de guêpes, dont certaines sont plus agressives que d'autres. Toutes sont cependant utiles: certaines assurent la pollinisation des fleurs, tandis que d'autres parasitent ou dévorent des pestes de jardin (chenilles, pucerons, etc.). Mesurant de 10 à 25 mm (moins d'1 po), les guêpes vivent en colonies de 1 000 à 30 000 ouvrières qui meurent lorsque le temps se refroidit à l'automne. Seule la reine hiverne et une nouvelle ruche est construite chaque printemps.

Chez les bourdons aussi il y a une reine. Au printemps, celle-ci entre dans le sol, fabrique un peu de miel et construit des cellules pour y déposer quelques œufs. Les premières ouvrières y verront le jour et ce sont elles qui construiront la ruche. La reine, elle, s'occupera de pondre des œufs afin de grossir les rangs de la colonie. Elle doit faire vite, car les bourdons ont un important travail de pollinisation à accomplir. Les bourdons ne vivent qu'un an; la reine laisse son trône après avoir fondé sa colonie.

Les abeilles sont différentes des guêpes et des bourdons en ce sens que leurs colonies ne meurent pas une fois l'hiver venu. Les abeilles entrent dans une sorte de léthargie et reprennent vie au printemps. Évidemment, ce sont elles qui produisent le miel que nous consommons.

QUEL DANGER ÇA REPRÉSENTE?

Les abeilles, les guêpes et les bourdons sont tous sensibles aux vibrations. Le simple fait de marcher près d'un de leurs nids les excite et peut entraîner une réaction offensive de leur part.

Il y a cependant une grande différence entre les abeilles, les guêpes et les bourdons. Les premières n'attaquent que si c'est nécessaire, alors que les secondes sont plus agressives. Quant aux bourdons, ce sont des bestioles pacifiques qui attaqueront seulement en cas d'absolue nécessité.

Les bourdons mesurent jusqu'à 1,9 cm (3/4 de po) et on en compte de 50 à 400 par colonie. Ils s'installent dans le sol, mais aussi dans des nids d'oiseaux ou des trous de souris abandonnés. On en trouve parfois dans des piles de bois sec et dans des vieux meubles rembourrés laissés à l'abandon à l'extérieur. Ils peuvent aussi «squatter» des piles de vêtements ou des objets rembourrés entreposés dans des garages et des cabanons. Il faut donc faire attention avant de manipuler de tels objets: assurez-vous d'abord qu'aucune petite bête ne s'y trouve...

D'ailleurs, tout le problème est là avec les insectes piqueurs: ceux-ci sont néfastes seulement s'ils décident d'installer leur maison trop près de chez les humains. Un nid de guêpes mal placé peut en effet être une source de maux de tête, sans compter les autres démangeaisons que ça peut occasionner...

QUE FAIRE?

Ce sont les nids de guêpes qui posent le plus de problèmes, alors concentrons nos efforts sur eux. Les guêpes peuvent nicher dans des troncs d'arbres creux, des piles de roches, sous des escaliers et dans les avant-toits. Si la ruche se trouve dans un endroit peu accessible, loin des activités humaines, il est préférable de la laisser en place jusqu'au retour du temps froid, en automne. On l'enlèvera à ce moment sans danger, puisque toutes les guêpes l'auront abandonnée. Par contre, quand le nid pose problème, il faut intervenir. Portez des habits protecteurs et attendez une soirée fraîche (moins de 10 °C) pour passer à l'action. Mieux encore, faites appel à des professionnels. L'Insectarium de Montréal suggère d'ailleurs de ne jamais toucher à un nid de guêpes pendant la belle saison.

Néanmoins, en prenant toutes les précautions et en portant des habits protecteurs, il est possible d'intervenir. N'y allez que si vous vous sentez pleinement à l'aise de le faire et abstenez-vous si vous savez que vous êtes allergique aux piqûres d'insectes. Une fois ces mises en garde bien établies, passons aux choses sérieuses…

Si la ruche se trouve accrochée à une branche d'arbre, prenez un grand seau muni d'un couvercle, comme une chaudière de chlore pour la piscine. Remplissez le contenant d'eau savonneuse et versez-y environ 1 litre (4 tasses) d'huile végétale. Approchez le contenant sous la ruche et faites-la tomber dedans en coupant la branche. Fermez le couvercle et attendez que les guêpes se noient (l'huile les empêchera de remonter à la surface). Finalement, creusez un trou dans la terre et enterrez la ruche. Il est extrêmement important de rester calme tout au long de l'opération. Il vaut aussi mieux ne rien tenter si on n'est pas en plein contrôle de la situation et de soi-même!

Si le nid se trouve dans un autre endroit ou si vous ne voyez pas vraiment de ruche (elle est peut-être dans le sol), façonnez un pâté toxique avec du thon en boîte, du chlore en granules pour piscine, quelques gouttes de grenadine et un peu d'huile végétale. Déposez ce pâté dans une boîte de conserve que vous aurez percée de petits trous. Suspendez le piège de façon à le maintenir hors de la portée de vos animaux domestiques ou des enfants.

Enfin, pour éviter d'attirer les guêpes, les abeilles et les bourdons, prenez l'habitude de ramasser vos déchets et de mettre un couvercle sur les poubelles. Ne laissez pas traîner de verres d'alcool ou de jus et nettoyez tous les dégâts de nourriture. Épongez aussi les flaques d'eau stagnante, qui sont de véritables spas à insectes!

Il ne faut pas hésiter à consulter un médecin si on est piqué par une guêpe et qu'on voit apparaître une enflure importante. Une piqûre de guêpe est douloureuse et le puissant venin de cet insecte peut provoquer, chez certaines personnes sensibles, des réactions allergiques nécessitant un traitement médical.

Contrairement aux guêpes, les abeilles piquent seulement pour se protéger. Quand elles piquent, elles accomplissent un véritable acte de bravoure. Elles ne peuvent en effet piquer qu'une seule fois: comme leur dard possède des barbelés, il reste attaché à la surface piquée, ce qui éviscère l'abeille! La piqûre d'abeille est particulière, car le dard, inséré dans la peau, continue à injecter des petites quantités de venin. On doit donc le retirer le plus vite possible.

Enfin, on peut avoir peur des bourdons en raison de leur taille imposante pour des insectes piqueurs. Pourtant, il vaut mieux garder son calme en leur présence. Les bourdons peuvent en effet piquer plusieurs fois, mais ils ne le font jamais autrement que pour se défendre.

UN PEU DE SOULAGEMENT

Si par malheur vous avez été piqué par une guêpe ou un autre insecte du genre, vous pouvez appliquer de la glace sur la blessure ou y appliquer une pâte faite d'un peu d'eau et de bicarbonate de soude. Ce produit non toxique neutralisera l'acidité causée par la piqûre et atténuera par conséquent la sensation de douleur. Par ailleurs, si vous vous faites piquer sur un pied ou une main, plongez le membre dans la terre fraîche du jardin. Elle vous apaisera grandement.

HANNETONS
Gloutons, ces scarabées

QU'EST-CE QUE C'EST?

Les hannetons, aussi appelée barbeaux, sont des coléoptères apparentés aux scarabées. Ce sont de petits insectes mesurant environ 2,5 cm (1 po) et qui raffolent des végétaux. Les femelles pondent leurs œufs dans le sol au printemps. Les larves, les fameux vers blancs, naîtront deux à quatre semaines plus tard.

Les vers blancs et les hannetons sont très courants en ville, car le sol est compact et souvent mal drainé, ce qui favorise l'éclosion des œufs. En plus, il y a moins de prédateurs en ville qu'à la campagne, ce qui brise l'équilibre et favorise l'explosion de la population.

Les vers blancs et les hannetons se nourrissent des racines de la pelouse. Dans un jardin, ils vont aussi manger les légumes racines comme les carottes ou les betteraves, ou encore les tubercules comme les pommes de terre. Dans tous les cas, le problème est déjà bien installé quand les symptômes se manifestent. Il vaut donc mieux ouvrir l'œil et le bon!

QUEL DANGER ÇA REPRÉSENTE?

Le cycle biologique du hanneton se déroule sur trois ans. Les insectes hivernent dans le sol et en sortent au printemps, du début mai à la fin juin. Ils se cachent dans l'herbe pendant le jour, mais ils s'envolent lorsque le soir tombe pour s'assembler en essaims dans les arbres, s'accoupler et se nourrir de feuilles.

Les femelles enfouissent leurs œufs dans le sol et les vers naissent quelque temps plus tard. Pendant leur premier été, les vers blancs se nourrissent de végétaux, puis ils s'enfoncent dans le sol pour passer l'hiver. Le printemps suivant, les vers ressortent de la terre et passent en cinquième vitesse pour ce qui est des dommages qu'ils causent aux végétaux. Ils retournent dans le sol à l'automne, pour devenir des hannetons au cours de leur troisième année.

Pendant ce cycle, les vers blancs et les hannetons peuvent causer toutes sortes de dommages. Ils coupent les racines de la pelouse, qui se met à jaunir et à brunir par plaques en surface. Ils creusent aussi des sillons dans la terre. Si vous avez une piscine hors terre, ces sillons peuvent devenir problématiques: la toile s'étirera et prendra leur forme, ce qui nuira à la bonne circulation de l'eau (le chlore peut aussi s'accumuler dans ces sillons).

En plus de s'attaquer à votre gazon et aux légumes racines de votre jardin, les vers blancs et les hannetons représentent des repas très intéressants aux yeux des mouffettes, notamment. Si vous voyez que quelque chose a gratté votre pelouse, c'est probablement qu'un petit mammifère à la fourrure noire rayée de blanc a voulu se sustenter avec une bouchée de choix!

QUE FAIRE?

Vous croyez que les vers blancs ont infesté votre cour? Pour en avoir le cœur net, découpez à la pelle un carré de 30 cm (12 po) de côté dans le gazon, à une profondeur de 5 à 10 cm (2 à 4 po). Soulevez cette plaque végétale et observez: si vous comptez plus de cinq vers, c'est qu'il y a un problème et qu'il faut intervenir.

Les oiseaux sont de bons prédateurs et peuvent se charger en partie du surplus de hannetons. En retournant ici et là la terre, vous leur servez un délicieux repas! Au besoin, attirez les oiseaux en leur aménageant des nichoirs. Par ailleurs, le simple fait de retourner la terre peut régler bien des problèmes, car les œufs des hannetons s'oxyderont s'ils ne sont plus protégés par le sol.

Notez qu'une pelouse uniforme représente l'antithèse de la biodiversité. Plantez un peu de trèfle blanc afin de créer un écosystème plus riche, qui favorisera un meilleur équilibre entre les différentes espèces animales qui y vivent. Aérez la terre, enlevez au râteau les herbes mortes et favorisez la croissance des racines du gazon en le laissant pousser à une hauteur de 6 à 8 cm (2,5 à 3 po), car les hannetons «poussent» dans des sols compacts, à travers des racines courtes et bien tassés.

ET QUE ÇA GÈLE!

Un gel précoce en automne peut aider à tuer les larves de hannetons. Malheureusement, avec le réchauffement climatique, les hivers sont moins rudes. Si la terre ne gèle pas assez profondément, les larves survivront et les vers blancs seront plus nombreux. On remarque d'ailleurs que la population de «barbeaux», soit les hannetons adultes, augmente ces dernières années... Le lien avec le réchauffement de la planète n'explique pas à lui seul ce phénomène, la pauvreté des sols et l'absence de prédateurs en ville étant d'autres facteurs favorisant l'augmentation de la population de hannetons.

MARMOTTES
Si un siffleux sait siffler...

QU'EST-CE QUE C'EST?

Les marmottes émettent un son strident quand on les dérange. Voilà pourquoi on leur a donné le surnom de «siffleux». Elles demeurent toutefois silencieuses très longtemps pendant la saison froide, car elles hibernent pendant cinq mois!

Une butte de terre près d'un trou dans le sol peut indiquer la présence de marmottes. Ces herbivores lourdauds à la fourrure brune se nourrissent de feuilles de carottes, de fèves, de pois et de fruits. Ils grignotent constamment, car leurs dents poussent sans cesse.

Les femelles ont des portées de quatre à six petits au mois de mai ou de juin. Les petits passeront quelques semaines sous la tutelle de leurs parents avant de quitter le nid familial, à la fin de juillet.

QUEL DANGER ÇA REPRÉSENTE?

Les marmottes sont des rongeurs. Elles représentent de ce fait un danger pour toute personne qui s'en approcherait et risquerait ainsi de se faire mordre. Toutefois, l'animal est plutôt peureux et se cachera avant de trouver un bipède – ou un chien – sur son chemin!

Les marmottes peuvent aussi représenter un problème pour les structures de bâtiments, quoiqu'elles préfèrent loger sous un cabanon que dans un cabanon! Elles peuvent toutefois endommager des fils enfouis sous terre, ainsi qu'un drain pluvial.

QUE FAIRE?

Les marmottes ne sont pas très courageuses. Un ballon de plage bougeant au gré du vent peut les effrayer, tout comme le fait de taper des mains. Du point de vue d'une marmotte, un jet d'eau sur le museau constitue aussi un argument convaincant pour ficher le camp. Bien entendu, en cas de morsure, consultez un médecin ou un vétérinaire.

Les marmottes adorent manger des fruits et des légumes traînant par terre. Pour éviter de les attirer chez vous, récoltez vos fruits et légumes dès qu'ils sont prêts et évitez d'en laisser sur le sol. Le principal problème vient du fait que les marmottes s'invitent parfois à construire leur petit nid douillet vraiment très près de chez vous. Elles creusent souvent leurs tanières sous les vérandas, les balcons, les hangars et les cabanons. Pour condamner un terrier situé sous ces constructions, creusez une tranchée de 25 cm (10 po) dans le sol autour de la structure. Insérez un grillage dans la tranchée, de façon à bloquer l'accès au sous-sol: en creusant, la marmotte se rendra compte qu'elle a trop de travail à faire pour s'installer chez vous et elle ira voir ailleurs si elle y est.

En installant le grillage, laissez une partie de sol intouchée et, en début d'après-midi, déposez-y de la farine. Les marmottes sont actives le jour; celle qui a élu domicile chez vous finira bien par sortir, mais elle attendra sûrement que personne ne l'observe. La farine trahira ses pas. Quand l'animal sera sorti de son terrier, terminez votre dernière section de tranchée. La marmotte reviendra faire son tour, mais elle se butera au grillage en essayant de gratter un trou dans le sol.

Faites attention aux familles cependant: jusqu'à la mi-juillet, les marmottes veillent sur leurs petits. Il est donc préférable d'attendre en août pour s'attaquer à leurs terriers.

DES RONGEURS ET DES HOMMES

Il y en a, des rongeurs! Voici une liste des espèces qu'on trouve au Québec:

Marmotte commune

Tamia rayé

Tamia mineur

Écureuil gris ou noir

Écureuil roux

Grand polatouche et petit polatouche

Castor

Souris à pattes blanches

Souris sylvestre

Lemming d'Ungava

Campagnol-lemming boréal

Campagnol-lemming de Cooper

Campagnol à dos roux de Gapper

Phénacomys d'Ungava

Campagnol des rochers

Campagnol des champs

Campagnol sylvestre

Rat musqué

Rat surmulot

Souris commune

Souris sauteuse des champs

Souris sauteuse des bois

Porc-épic d'Amérique

MOUFFETTES
Vous ne sentez rien?

QU'EST-CE QUE C'EST?

Les mouffettes (aussi appelées sconse) sont des animaux nocturnes parents du putois qui se nourrissent d'insectes (dont les vilains hannetons et les chenilles), de petits rongeurs et de fruits. Ces petits mammifères noirs se remarquent aisément aux rayures blanches sur le dos et la queue. Parfois, on peut détecter leur présence sans même les voir. On n'a qu'à suivre l'odeur, bien que dans ce cas, on préfère aller en direction opposée à celle-ci. Leur fameux liquide, produit par les glandes anales, constitue leur principal moyen de défense. En tout cas, c'est une arme persuasive! Les mouffettes n'ont d'ailleurs pas à l'utiliser pour faire craindre le pire à leurs agresseurs potentiels. Une simple menace suffit!

Les mouffettes participent à l'équilibre écologique entre les espèces en régularisant certaines colonies d'insectes comme les hannetons. Par contre, pour trouver ces petites bouchées délicieuses, elles doivent fouiller dans le sol, ce qui entraîne parfois des dégâts importants. Toutefois, si la population de hannetons est bien contrôlée (pas plus de cinq hannetons par pied carré de pelouse), vous ne devriez pas éprouver trop d'ennuis avec les mouffettes.

QUEL DANGER ÇA REPRÉSENTE?

Les mouffettes creusent leurs tanières dans la terre, sous les bâtiments et les piles de bois et de roches, à l'aide de leurs puissantes griffes pointues et courbes. Il est donc possible d'en trouver sous un cabanon ou un perron, par exemple. Plutôt peureuses, elles se cacheront dans leur trou rapidement si vous leur en laissez la chance.

Les mouffettes peuvent par ailleurs être porteuses de la rage. Sachez-le, advenant que votre chat ou votre chien ait la mauvaise idée de se battre avec l'une d'entre elles. Une fois que vous aurez nettoyé votre animal de compagnie, emmenez-le chez un vétérinaire.

Prenez aussi note qu'elles utilisent leur musc seulement si elles se croient en danger, car elles doivent dépenser énormément d'énergie pour en produire. Une fois qu'elles ont aspergé leur victime, elles n'ont donc plus de moyen de défense, hormis leurs griffes. Si vous tombez face à face avec une mouffette, restez bien sage. Avant de vous envoyer son flot fétide à la figure, elle élèvera la queue bien en évidence, elle martèlera le sol de ses pattes, elle sifflera, elle simulera une attaque et grattera le sol un peu à la manière d'un taureau prêt à charger. Si toutes ces simagrées ne vous ont pas donné l'envie de passer votre chemin, en désespoir de cause, elle fera ce que toute bonne mouffette fait en ces circonstances: elle vous marquera de son odeur!

Évidemment, ne laissez pas traîner un sac d'ordures sur le balcon, sinon vous pourriez avoir de la visite! Juste au cas, déposez une ou deux boules à mites dans la poubelle chaque fois que vous en changez le sac.

Ramassez aussi les bols de nourriture pour chien et chats, car leurs croquettes sont très appétissantes pour les mouffettes. Si vous avez des arbres fruitiers sur votre terrain, ramassez les fruits tombés au sol, car les mouffettes en raffolent.

Pour éliminer un terrier installé près de votre maison, utilisez la même technique que celle décrite dans l'article sur les marmottes. Par contre, contrairement aux marmottes, les mouffettes sont nocturnes. Pour vous assurer que la bête a quitté son trou, épandez de la farine près de celui-ci en début de soirée (et non en début d'après-midi). Et puis, attendez en août pour intervenir, ou faites-le tôt au printemps suivant, sinon vous dérangerez toute une famille.

La mouffette n'est pas très courageuse et partira d'elle-même si on tape fort des mains ou si on lui envoie de l'eau sur la gueule (restez à une distance respectable de l'animal dans ce cas). Pour ma part, j'ai souvent eu l'occasion de croiser des mouffettes et jamais elles ne m'ont aspergé de quoi que ce soit. Évidemment, je ne me suis pas rué sur elles pour leur faire peur…

En terminant, il est important de rappeler que seuls des spécialistes peuvent venir en aide à un animal sauvage blessé. Informez-vous aussi auprès des autorités locales ou auprès des agents de la faune si une mouffette s'est installée chez vous à demeure, surtout si elle a déjà fait des siennes…

ÇA PUE!

Votre chien ou votre chat s'est mis le museau là où il n'avait pas affaire et il dégage maintenant une odeur qui vous fait regretter qu'il ne soit pas simplement allé fouiller dans les poubelles du restaurant d'à côté? Il existe bien des recettes pour essayer d'éliminer ou d'adoucir cette puanteur. Toutefois, l'utilisation du jus de tomate est à proscrire: en plus de sentir toujours aussi mauvais, votre chien ou votre chat prendrait une belle teinte rosée! Selon le Dr Marty Becker, vétérinaire attitré à l'émission de télé *Good Morning America* et auteur du livre *Pourquoi les chiens boivent-ils toujours dans les toilettes?* (Édimag, 2007), il vaut mieux employer un mélange maison fait de 250 ml (1 tasse) de peroxyde d'hydrogène, 60 ml (1/4 de tasse) de bicarbonate de soude et 5 ml (1 c. à thé) de savon à vaisselle. Et si vous avez écrasé une mouffette avec votre auto, l'odeur finira par partir d'elle-même, en roulant. Vous pouvez faire partir les dernières traces olfactives en saupoudrant du bicarbonate de soude sur l'endroit ayant frappé l'animal. Gardez-en aussi une boîte ouverte dans la voiture si l'odeur s'y est incrustée.

MOUSTIQUES
Songe d'une nuit d'été

QU'EST-CE QUE C'EST?

Les moustiques ou, plus populairement, marin-gouins se reproduisent dans les marais, les piscines et les bassins, petits et grands, d'eau stagnante. Un pot de fleurs laissé à l'abandon, un seau pour jouer dans le sable, des jouets qui traînent sur la pelouse, une légère dépression dans l'asphalte... Voilà des endroits parmi tant d'autres où les moustiques peuvent se multiplier.

Toutefois, même si on leur porte une attention très méticuleuse, on ne peut pas anéantir les moustiques. D'abord, ce ne serait pas très gentil, car une foule d'animaux s'en nourrissent. Sans les moustiques, finies les grenouilles, bye-bye les oiseaux, adieu chauves-souris... Ensuite, vous vous rendriez compte assez rapidement que votre entreprise est vouée à l'échec! En effet, comme pour les fourmis, les moustiques sont extrêmement nombreux et certains ont même développé une résistance aux substances chimiques qui devaient les éliminer.

QUEL DANGER ÇA REPRÉSENTE?

Il existe plus de 70 espèces de moustiques au Canada. Ils peuvent transmettre deux maladies: l'encéphalomyélite équine et le virus du Nil occidental. Les deux maladies peuvent affecter les humains.

L'encéphalomyélite équine s'attaque aux chevaux mais aussi à d'autres espèces. D'ailleurs, de nombreux foyers d'infection ont été recensés aux États-Unis chez des faisans. La maladie cause une forte fièvre et un manque de coordination motrice, donne le tournis, provoque l'ataxie et mène parfois même à la paralysie environ cinq jours après l'infection.

Chez l'humain, les personnes les plus à risque de développer la maladie sont celles âgées de moins de 15 ans ou de plus de 50 ans. Bien que les pires symptômes s'apparentent généralement à ceux d'un rhume ou d'une grippe, dans certains cas particuliers (dont les jeunes enfants, les personnes âgées ou celles dont le système immunitaire est déjà affaibli), ce virus peut être mortel. Une personne infectée sur 150 (moins de 1 %) pourrait développer une maladie sévère comportant des symptômes neurologiques (méningite, encéphalite, méningo-encéphalite, paralysie flasque aiguë).

Parmi les animaux domestiques, des cas de virus du Nil occidental ont été recensés chez le cheval, le chat, le chien et le lapin. Mais la maladie affecte surtout les oiseaux. La quantité d'oiseaux affectés trouvés morts témoigne de l'importance de la maladie dans une région donnée. L'Agence de la santé publique du Canada fait le suivi chaque année auprès de la population.

QUE FAIRE?

Afin d'éviter que la quantité de moustiques ne décuple dans votre cour, évitez de laisser traîner des restes de nourriture ou de sucre. Au printemps, faites le tour de votre cour et épongez toutes les flaques d'eau stagnante. Si vous avez une piscine, démarrez-la dès que possible: une fois en marche, l'eau ne gèlera pas dans les conduits. Si vous ne le faites pas, vous pouvez pratiquement mettre un écriteau dans votre cour: «Silence! Ici, on cultive le farniente… et les insectes!»

Pendant la belle saison, évitez les parfums et portez des vêtements de couleur claire. Aug-

mentez aussi vos défenses à l'aide d'un chasse-
moustiques. Vous éviterez ainsi d'être pris pour
cible. Pour passer de belles soirées à l'extérieur,
changez vos ampoules blanches contre des ampoules jaunes, une couleur qui n'attire pas les insectes.

À BAS LES PARFUMS

Les bestioles volantes qui piquent sont la plupart
du temps attirées par la présence d'eau, mais aussi
par les odeurs, celles de la nourriture mais aussi
des parfums. Ainsi, quand le beau temps revient,
évitez les parfums, l'eau de Cologne, la lotion
après-rasage ou même les anti-sudorifiques très
parfumés. En fait, même le rouge à lèvres et la
gomme à mâcher attirent les insectes piqueurs. Il
y en a déjà assez comme ça, pas besoin de leur
envoyer un carton d'invitation en plus...

OISEAUX DE PROIE
Prédateurs volants aux yeux perçants

QU'EST-CE QUE C'EST?

Au Québec, on compte 27 espèces de rapaces, toutes protégées par une loi provinciale, mais rares sont celles qui s'attardent dans les secteurs habités par l'être humain. La plupart demeurent plutôt dans la forêt boréale ou dans les boisés de feuillus. Les espèces qui habitent le plus près des milieux urbains sont la crécerelle d'Amérique, l'épervier brun, le faucon pèlerin, le faucon émerillon, l'épervier de Cooper et la buse à queue rousse.

La plupart des rapaces qui habitent dans nos régions sont plutôt petits et, sauf dans le cas du grand-duc d'Amérique, ils sont incapables d'attraper des oiseaux plus grands qu'un pigeon. Ils sont aussi sans danger pour les chats, car ils préfèrent se nourrir d'oiseaux.

Notez par ailleurs que la chasse aux oiseaux de proie est interdite sans permis au Québec.

QUEL DANGER ÇA REPRÉSENTE?

La nature est ainsi faite: les prédateurs mangent leurs proies là où elles se trouvent, tout simplement. S'il n'y a pas de proie, il n'y a pas de prédateur. C'est la même chose chez les oiseaux. Ainsi, si vous habitez près d'un boisé ou dans un endroit assez éloigné de la ville, informez-vous sur la présence ou non d'oiseaux de proie dans les parages. S'il y en a et que vous voulez éviter de les voir de trop près, n'installez pas de mangeoires à oiseaux dans votre cour! Celles-ci attireraient non seulement les petits oiseaux mais inviteraient du même coup les prédateurs.

Toutefois, si vous ne craignez pas les oiseaux de proie (ceux que nous avons sont relativement sans danger), installez vos mangeoires près d'un abri constitué d'un arbre, d'un groupe d'arbres (comme des lilas) ou d'arbustes. Ceci permettra aux petits oiseaux de se cacher des prédateurs, autant de ceux qui sont au sol que de ceux qui volent.

QUE FAIRE?

Pour capturer un oiseau, la méthode la plus sécuritaire consiste à le couvrir avec une serviette. En effet, les oiseaux se calment une fois qu'ils ont la tête couverte. Toutefois, cette règle ne s'applique pas à toutes les espèces. Par exemple, il est fortement déconseillé d'essayer de capturer un héron (il ne s'agit pas à proprement parler d'un oiseau de proie, mais il est tout de même carnivore!). Ce bel oiseau échassier est doté d'un bec puissant et très aiguisé. L'animal n'hésitera pas à s'en servir comme d'un poignard pour chasser son agresseur.

Si vous trouvez un oiseau de proie en détresse (blessé, malade, abandonné…), assurez-vous d'abord qu'il a vraiment besoin d'aide. S'il s'agit d'un oisillon, laissez-le sur place et communiquez immédiatement avec un organisme voué à la protection des oiseaux (voir les références à la fin de cet ouvrage). S'il s'agit d'un individu plus âgé, portez des gants et utilisez une couverture pour l'attraper. Mettez rapidement l'oiseau dans une boîte en carton perforée. Gardez l'oiseau dans un endroit calme, sombre et tempéré, limitez ses contacts avec les humains et les animaux domestiques et contactez les organismes compétents afin qu'on lui vienne en aide adéquatement.

LA RUSE DES BÊTES À PLUMES

Si vous capturez un oiseau blessé dans le but de l'emmener auprès de spécialistes, méfiez-vous. Les oiseaux blessés peuvent paraître très calmes, voire endormis. C'est peut-être une ruse: ils peuvent simplement attendre le bon moment pour vous faire une crise et s'échapper. Gardez l'oiseau dans une serviette et déposez-le dans une boîte assez grande pour qu'il puisse bouger.

Par ailleurs, sachez qu'un oiseau doit être considéré comme blessé s'il est attrapé par un chat, et ce, même s'il semble en parfaite forme. En effet, les animaux n'aiment pas afficher leurs blessures, car ils deviennent alors vulnérables pour d'autres prédateurs.

PETITS OISEAUX SAUVAGES
Attention à l'oiseau tombé du nid...

QU'EST-CE QUE C'EST?

Parulines, bruants, cardinaux rouges, geais bleus... Observez-les et invitez-les chez vous en leur aménageant une mangeoire. Les petits oiseaux de passage vous boufferont une bonne quantité d'insectes. Certains d'entre eux peuvent même vous aider à contrôler des insectes cachés dans le gazon, dont les fameux vers blancs responsables de plaques jaunâtres disgracieuses sur la pelouse.

Contrairement aux autres animaux sauvages, il est permis de nourrir les oiseaux. En effet, ce ne sont pas quelques graines qui feront en sorte que la petite bête développera une dépendance à votre endroit. En fait, les oiseaux ne se limitent jamais à une seule source d'aliments. Il vont et viennent, picorent çà et là, de sorte que si une source de nourriture devait se tarir, l'animal trouverait quand même de quoi se nourrir.

QUEL DANGER ÇA REPRÉSENTE?

À moins de craindre les rejets organiques des petits oiseaux sauvages, ceux-ci ne représentent pas vraiment de risque pour l'être humain. Au contraire, leur présence égaye le paysage et célèbre la vie. Il faut cependant prendre ses précautions quand on observe un oiseau qui semble blessé, abandonné ou mort. Dans le cas des oiseaux blessés ou abandonnés, une mauvaise intervention peut être plus nuisible que le fait de ne rien faire du tout.

QUE FAIRE?

Vous trouvez un petit oiseau qui semble abandonné? Voyons ce que conseille l'organisme Le nichoir dans pareil cas: «Si vous trouvez un oisillon qui semble être tombé du nid, souvenez-vous que les parents sont les plus aptes à prendre soin de leurs bébés et nos efforts doivent être faits en vue de les réunir. Essayez de localiser le nid et remettez l'oisillon dedans. Si vous ne pouvez pas placer l'oisillon dans son nid (l'arbre est trop haut, sur un toit, etc.) ou si le nid a été détruit, faites un nouveau «nid» avec une petite boîte ou un contenant en plastique. Faites des petits trous dans le fond du contenant pour le drainage et mettez de l'herbe sèche ou des feuilles à l'intérieur pour le confort du bébé. Attachez le nid de façon sécuritaire dans un arbre près de l'endroit où le bébé a été trouvé. Observez pendant quelques heures si le parent revient prendre soin du bébé. Si le parent ne revient pas d'ici la fin de la journée, alors le bébé a probablement été abandonné.» Si vous en arrivez à cette conclusion, il vaut mieux téléphoner au Nichoir ou à tout autre organisme s'occupant d'oiseaux.

Vous avez trouvé un oiseau blessé? Retenez qu'il ne faut jamais essayer de manipuler un petit oiseau, car le stress causé par la manipulation, le bruit et le froid sont les principales causes de la mort des bébés et des oisillons blessés. Il vaut donc mieux communiquer avec un organisme habilité à prendre soin des oiseaux si une telle situation se produit.

DES OISEAUX S'INVITENT CHEZ MOI!

Des oiseaux menacent l'intégrité de votre demeure? Ayez l'œil, car vous ne pourrez vous attaquer au problème une fois que les œufs seront pondus, et ce, jusqu'à ce que les oisillons quittent le nid pour voler de leurs propres ailes.

Il arrive que des oiseaux, comme des martinets, s'installent ou tombent dans les cheminées. Si vous entendez des gazouillis provenant de la cheminée, commencez par éviter de faire du feu! Essayez de localiser le nid ou l'oiseau. Si les petites bêtes peuvent se dégager d'elles-mêmes, laissez-les partir et obstruez ou colmatez les brèches par où elles sont entrées. Sinon, il vous faudra retirer le nid avec vos mains, gantées bien sûr, mais seulement en dehors de la période de reproduction. Si un oiseau est coincé dans la cheminée, il se peut par ailleurs qu'il soit incapable de remonter pour recouvrer sa liberté. Dans ce cas, laissez-le entrer dans la pièce et ouvrez une seule fenêtre ou une seule porte donnant accès à l'extérieur pour le laisser s'évader. Faites en sorte que la seule source de lumière lui parvienne de cette fenêtre ou de cette porte. Ainsi, l'oiseau trouvera plus facilement son chemin vers la sortie. Soyez patient: l'opération peut prendre quelques heures.

Enfin, si un pic a décidé de s'attaquer à votre demeure, c'est peut-être parce qu'il délimite son territoire ou qu'il a découvert une colonie d'insectes. S'il s'agit d'une question territoriale, quelques assiettes d'aluminium et des tissus colorés bien placés pourront le décourager. Cette intervention se fera tôt au printemps. Dans l'autre cas, l'oiseau vous indique un problème plus important.

PERCE-OREILLES
Ils se serrent la pince!

QU'EST-CE QUE C'EST?

Mesurant jusqu'à 2 cm (moins de 1 po) de long, le perce-oreille vit dans les régions fraîches du globe. On le reconnaît à son appendice en forme de pince au bout de son abdomen. Cet insecte de couleur brun-roux habite les matières végétales en décomposition, comme les vieilles souches ou les amas de feuilles ou de gazon laissés à l'abandon. Il possède des ailes, qui lui permettent non pas de voler mais simplement de planer.

Omnivore, il se nourrit de toutes sortes de matières végétales et animales, incluant les vilains pucerons du jardin. De ce fait, il s'agit donc d'un insecte utile.

Si vous trouvez des perce-oreilles dans votre maison, c'est probablement parce que c'est vous qui les avez fait entrer! En effet, ces insectes recherchent la fraîcheur et il fait trop chaud dans nos maisons pour qu'ils puissent s'y reproduire.

Les perce-oreilles ont surtout mauvaise réputation à cause de leur apparence. Avec leur pince, ils ont en effet l'air plutôt méchants, mais ce n'est qu'une illusion. Dans un écosystème équilibré, ils contribuent simplement à contrôler les populations d'autres insectes, tandis qu'ils servent de repas aux araignées, aux coléoptères (comme le hanneton), aux oiseaux et à de petits mammifères.

QUEL DANGER ÇA REPRÉSENTE?

Le seul danger que représentent les perce-oreilles est lié au degré de tolérance des gens qui les côtoient. Ces bestioles sont tout à fait sans danger pour l'être humain. Ils peuvent certes endommager les boutons de fleurs ainsi que les pousses de végétaux. Ils s'attaquent aussi aux légumes du jardin, mais ils débarrassent également ces derniers de certaines espèces d'insectes indésirables en se nourrissant de larves et d'œufs de limaces et de pucerons.

Normalement, les perce-oreilles ne causent pas de dommages matériels aux maisons. Ils ne cherchent d'ailleurs pas à y entrer. Toutefois, si du bois pourri leur est accessible, ils s'en serviront comme refuge.

Somme toute, les perce-oreilles passeraient inaperçus si la nature ne les avait pas affublés de cette excroissance étrange au bout du corps.

QUE FAIRE?

Trop, c'est trop et il se peut qu'on veuille éviter que la population de perce-oreilles n'explose. Pour prévenir ce genre de chose, il suffit souvent d'éviter de construire de véritables petits havres de paix à ces insectes. J'en ai déjà eu une très belle colonie dans une souche de lilas pourrie. Une fois l'arbre enlevé, ça a réglé bien des problèmes.

Évitez de laisser traîner du bois en décomposition, réparez les clôtures abîmées et envoyez vos amas de gazon dans le bac de compostage. Comme les œufs sont pondus dans le sol, à une profondeur de seulement 5 cm (2 po), les perce-oreilles peuvent être éliminés d'un simple coup de pelle. Si vous observez un nid, enlevez les matériaux qui le recouvrent et retournez gentiment la terre en surface. Les œufs exposés au soleil sècheront et les oiseaux iront grignoter ce festin.

Par ailleurs, vous pouvez ramasser manuellement les individus en trop en installant quelques pièges. Par exemple, prenez un contenant de jus en carton de 2 litres et versez-y une goutte de savon à vaisselle. Ajoutez 1,25 litre (5 tasses) d'eau chaude et un peu d'huile végétale afin qu'une mince pellicule se forme à la surface. Enterrez le contenant de façon à laisser l'ouverture accessible aux insectes. Laissez passer une nuit et retournez voir le lendemain matin: vous pourrez compter vos proies! Pour augmenter l'efficacité de votre piège, ajoutez-y un fumet d'huile de poisson ou n'importe quelle substance sucrée.

UN NOM TROMPEUR

D'où vient le nom «perce-oreille»? Une légende urbaine veut que ces insectes aient la fâcheuse manie d'entrer dans les oreilles des gens endormis et de s'introduire dans leur cerveau. Ne vous effrayez pas: la réalité est bien différente! En fait, malgré leur air de dangereux petits prédateurs, les perce-oreilles se servent de leur pince pour s'accoupler, se défendre et capturer leurs proies. Et l'humain ne fait aucunement partie de ces dernières! La pince sert également à distinguer le mâle de la femelle: chez le mâle, l'excroissance est longue et incurvée, tandis qu'elle est plus petite et presque droite chez la femelle.

PIGEONS
Et si vous alliez roucouler ailleurs?

QU'EST-CE QUE C'EST?

J'ai habité à Montréal pendant environ 15 ans. À mon arrivée dans la métropole québécoise, j'ai dit à la blague que je n'aurais jamais de problème à me trouver de la nourriture. En effet, à voir les pigeons qui s'amusaient sur mon balcon, je ne pouvais m'empêcher de croire que ces petites bêtes feraient belle figure dans mon assiette! Mais, en y repensant bien, j'ai conclu que le régime alimentaire de ces oiseaux (restes de table négligemment abandonnés sur le trottoir ou dans la rue, déchets divers et encore pis!) ne devait pas produire une viande très savoureuse…

Les pigeons se reconnaissent à leurs roucoulements sonores et à leur démarche nonchalante (ils balancent la tête d'avant en arrière à chaque pas) auprès des passants. Ils ont l'air de partager les rues avec leurs amis les humains. Pourtant, leur présence signale une abondance de nourriture facilement accessible… et donc beaucoup de négligence en matière de propreté.

QUEL DANGER ÇA REPRÉSENTE?

Les pigeons pullulent dans les villes car ils n'y ont pas beaucoup de prédateurs et y trouvent toujours à manger, et à se loger. Ils apprécient particulièrement faire leurs nids en haut des portiques et sur les corniches. L'ennui vient du fait qu'il est assez peu agréable de recevoir une de leurs fientes sur la tête quand on sort, beau et belle comme tout, pour aller au travail ou à une soirée…

Par ailleurs, nos pigeons dodus ont des points communs avec les étourneaux, ces petits oiseaux au plumage sombre. Les deux vivent en groupes et s'invitent facilement chez l'humain. Les tactiques pour se débarrasser de ces petits gêneurs sont aussi les mêmes.

QUE FAIRE?

La première chose à faire en ce qui concerne les pigeons, c'est de leur couper les vivres! Malheureusement, une famille de pigeons peut très bien habiter chez vous et se nourrir chez le voisin. C'est pourquoi une action efficace contre eux est nécessairement concertée.

Pour éviter de voir s'installer une famille de pigeons, on peut installer des assiettes d'aluminium, des bandelettes de tissus colorées et un «Slinky» métallique ou de plastique dans les endroits qu'ils fréquentent souvent. Veillez à bien obstruer tous les orifices de votre maison, y compris les sorties d'air de la sécheuse et de la hotte du four, car les pigeons peuvent aussi y faire leur nid.

Dès que vous apercevez un nid sur une corniche, enlevez-le. Les pigeons auront alors le choix de reconstruire leur nid ou d'aller le faire ailleurs. À la longue, c'est cette option qu'ils choisiront. Restez vigilants toutefois, car une corniche libre demeure disponible pour une autre famille... Et si vous oubliez d'enlever le nid avant que les petits ne viennent au monde, vous devrez attendre qu'ils aient pris leur envol avant de pouvoir intervenir.

MOUETTE OU GOÉLAND?

La mouette est un oiseau de mer, proche du goéland mais plus petit. On l'appelle aussi hirondelle de mer. Les oiseaux qui peuplent nos villes sont plutôt des goélands. Ils se nourrissent de toutes sortes de déchets et s'agglutinent sur le toit des restaurants de fast-food. Leur présence, amusante au départ, peut finir par causer des désagréments puisque les mouettes, comme tout oiseau, rejettent leurs excréments un peu partout. Il ne faut jamais nourrir les goélands. Toutefois, au point où on en est, on se demande si on peut renverser la vapeur et les empêcher de s'empiffrer de nos restes de table. En tout cas, si vous habitez près d'un restaurant où les goélands semblent avoir élu domicile, surveillez vos poubelles et déposez une pierre sur le couvercle, au cas où…

PUCES
Si petites mais tellement nuisibles

QU'EST-CE QUE C'EST?

Les larves de puces mangent de la matière orga-
nique sèche comme de la peau morte, des écailles,
des cheveux et même des fientes de puces adultes.
Elles servent principalement à décomposer la
matière. Enlevez-leur leur nourriture par une hygiène adéquate et vous éviterez une infestation
éventuelle. Mais si les larves vivent assez longtemps pour se transformer en adultes, c'est là que
les ennuis se présentent.

Les puces adultes se nourrissent en effet du
sang des mammifères comme les chats et les
chiens. À défaut de trouver des hôtes aussi communs, elles n'hésiteront pas à visiter une toison
humaine. Pour prévenir les problèmes, il est
important de savoir comment intervenir.

QUEL DANGER ÇA REPRÉSENTE?

Les puces, minuscules, ne mesurent que de 1 à 4 mm
(1/25 à 1/16 de po) mais sont extrêmement nuisibles et coriaces. Elles s'installent là où l'hygiène

fait défaut, a fortiori s'il y a des animaux de compagnie comme un chien ou un chat. Une fois «entrées dans la place», les puces se trouvent un corps chaud pour lui sucer du sang. Elles mordent dans la peau d'un animal ou d'un être humain et y injectent une substance qui empêche le sang de coaguler. Ainsi, elles peuvent manger comme bon leur semble. Une fois repues, les femelles pondent de quatre à huit œufs sur place.

Ces super insectes ont de la suite dans les idées. Afin d'éviter d'être balayées par un peigne, une brosse ou un aspirateur, elles se collent littéralement aux poils (cheveux, fibres synthétiques de tapis ou de balais, poils d'animal) grâce aux épines groupées par séries sur leurs pattes. Leurs œufs ne sont pas aussi stables. C'est pourquoi on en retrouve souvent sur les meubles et les tapis. Mais avec leur taille de 1 mm (1/25 po), ils sont durs à voir!

Une puce peut pondre 25 œufs par jour et jusqu'à 800 au cours de sa vie! Cela illustre à quel point l'infestation peut se faire à vitesse grand V. Prévenir l'infestation, c'est encore le meilleur moyen de ne pas en souffrir!

Quelques jours après avoir été pondu, l'œuf libère une larve d'environ 1,5 mm (1/18 po) de longueur. Son corps est velu et de couleur blanchâtre et sa tête est brunâtre. La larve peut survivre jusqu'à 200 jours dans des conditions défavorables, sans se nourrir, à l'intérieur d'un cocon. Elle attend le bon moment pour venir hanter ses hôtes...

QUE FAIRE?

Quand une puce plante ses pièces buccales dans la peau de son hôte, elle jette un liquide qui empêche le sang de coaguler et qui crée des démangeaisons. Les animaux et les êtres humains réagissent plus ou moins vivement à ce liquide. Les plus sensibles trouveront la sensation très désagréable. Une lotion à la calamine peut toutefois aider à calmer les démangeaisons. Surveillez de près vos animaux de compagnie. S'ils se grattent fort, c'est peut-être qu'ils abritent des puces.

La plupart des animaux de compagnie peuvent vivre sans puces si on les tient à l'œil. Examinez-les périodiquement, surtout du mois d'août au mois d'octobre, car c'est la période où les puces sont les plus actives. Des points noirs de la taille de grains de poivre moulu sur l'animal, en particulier autour du cou et près de la queue, indiquent la présence de puces. Dès lors, vous pouvez employer un peigne à épucer pour débarrasser l'animal de ses puces et de leurs déchets (déjections et sang séché). Jetez les puces récupérées dans un contenant d'eau chaude savonneuse. Des mousses, shampoings, poudres et médicaments existent aussi. Pour savoir ce qui convient à votre compagnon, consultez un vétérinaire.

La lutte contre les puces commence par de bonnes habitudes d'hygiène. Passez l'aspirateur dans les moindres recoins afin d'aspirer les œufs, les larves et les individus adultes. Occasionnellement, faites nettoyer les tapis à la vapeur. Lavez les draps souvent, surtout si vous avez un animal de compagnie aux prises avec un problème de puces. N'oubliez pas la couchette de votre compagnon à poils!

Dans certains cas extrêmes, l'intervention d'un spécialiste en extermination sera inévitable. Avant d'en arriver là, il existe d'autres moyens d'éliminer les puces. En pharmacie, vous pourrez vous procurer de l'acide borique. Appliquez-en là où les puces sont susceptibles de se cacher. Les insectes ingèrent l'acide borique en se nettoyant, ce qui produit un effet toxique dans leur estomac. Un autre produit intéressant est la terre diatomée, une poudre naturelle composée de squelettes fossilisés d'organismes marins. Cette terre ressemble à des cristaux de verre minuscules, qui blessent les insectes et entraînent leur déshydratation. Elle est tellement efficace qu'il est préférable de ne pas l'utiliser à l'extérieur, où des insectes bienfaiteurs pourraient aussi en souffrir.

UN BOND PRODIGIEUX

Une puce adulte n'a pas d'ailes, mais ses pattes arrière sont courtes et très bien adaptées pour le saut. Ce petit animal est en effet un champion sauteur! Il peut faire des bonds de 20 cm (8 po) de haut et de 41 cm (16 po) de long. Ça représente de 200 à 400 fois sa taille! Imaginez: si un humain avait des jambes aussi puissantes, il pourrait sauter aussi haut qu'un édifice de 70 étages et aussi loin que six terrains de soccer mis bout à bout!

PUNAISES
Calamité, quand tu nous tiens...

QU'EST-CE QUE C'EST?

Noires, vertes, rouges ou blanches, très luisantes, les punaises adultes mesurent de 6 à 10 mm de long (1/4 à 1/2 po). Elles se logent à la base des plantes pour en sucer la sève. Pendant les mois de mai et de juin, les femelles pondent leurs œufs sur les grains et les racines de graminées (herbe, avoine, blé, orge, chiendent, pâturin, riz, seigle, etc.).

Les punaises ne sont pas réellement dangereuses pour l'être humain. Comme pour d'autres bestioles, c'est leur grand nombre dans un espace limité qui pose problème. Et comme elles sont très résistantes aux pesticides, les punaises ne lâchent pas facilement prise lorsqu'elles s'installent quelque part...

Une punaise femelle peut pondre 3 ou 4 œufs par jour. Chaque petite punaise vit environ 10 mois. Par contre, alors que la saison froide bloque leur progression à l'extérieur, les punaises peuvent se reproduire à longueur d'année dans une maison où la température ne baisse pas sous les 21 °C. Dans les cas où la nourriture viendrait à manquer, ces insectes peuvent jeûner pendant une période pouvant aller de trois à cinq mois, parfois encore plus longtemps!

QUEL DANGER ÇA REPRÉSENTE?

Au début de l'année 2008, les journaux du Québec ont fait grand cas d'un «retour en force» des punaises dans différentes institutions pour personnes âgées. Ce n'est pas une question de salubrité: les insectes ont plutôt été transférés d'un lieu à un autre en voyageant sur des gens ou à l'intérieur de bagages, ou de marchandises.

À New York, le fléau est tel qu'une équipe d'inspecteurs se consacre exclusivement aux punaises, des bestioles tout à fait insensibles aux conditions sociales. «À la grandeur du pays, [la punaise] se trouve partout dans les villes, dans les refuges pour sans-abri comme dans les hôtels cinq étoiles», écrit l'Agence canadienne de réglementation de la lutte antiparasitaire.

Les punaises ne transmettent pas de maladies, mais leurs morsures causent d'importantes démangeaisons. À la limite, elles peuvent entraîner des problèmes de sommeil importants puisqu'elles commettent leurs méfaits durant la nuit, pendant que la victime dort. Les blessures peuvent aussi engendrer de l'infection et certaines personnes sont allergiques à ce genre de morsures qui causent des plaies surprenantes parfois. En réalité, même si elles ne posent pas vraiment de risque pour la santé, les punaises de lit sont de véritables petites pestes.

QUE FAIRE?

Les punaises sont de plus en plus difficiles à éliminer. Soumises à de puissants pesticides (dont le DDT, toxique pour les humains), elles ont développé une résistance étonnante.

Les taches brunâtres dans le gazon peuvent témoigner de leur présence dans votre cour. Si vous voulez en avoir le cœur net, prenez une boîte de conserve, enlevez le couvercle et le fond à l'aide d'un ouvre-boîte, enfoncez-la dans le sol et versez-y de l'eau jusqu'au bord. S'il y a des punaises, elles flotteront.

Pour contrôler la population de punaises dans votre jardin, favorisez les méthodes biologiques. Faites en sorte d'attirer leurs prédateurs naturels en installant des nichoirs et des mangeoires à oiseaux. Les punaises carnivores, le chrysope anti-pucerons et les coccinelles comptent aussi parmi leurs ennemis naturels.

Quant aux problèmes d'infestation dans la maison, un spécialiste de la lutte antiparasitaire devra appliquer plus d'un traitement pour arriver à les contrer. Vous pourrez y contribuer en passant l'aspirateur aux endroits infestés et en jetant le sac de l'aspirateur immédiatement après le nettoyage. N'y allez pas de main morte: les punaises sont petites et se cachent sous le papier peint, derrière les cadres, dans les prises électriques, à l'intérieur des sommiers, dans les couvre-matelas, dans les tables de chevet, etc. Inspectez votre lit attentivement. Pour éviter que les punaises n'y montent, couvrez les pattes ou la base de vaseline ou de papier adhésif double face. Les punaises ne volent pas, alors profitez de cette rare faiblesse!

Bref, les punaises logeront chez vous si quelqu'un les y fait entrer. Par conséquent, ne lésinez pas sur les moyens physiques de les éliminer dès que vous en apercevez une.

NUISIBLES
MAIS CONTRÔLABLES

Les insectes sont nuisibles quand leur population dépasse un certain seuil. S'il y a équilibre entre les différentes espèces, les prédateurs mangeront leurs proies et tout rentrera dans l'ordre. Si vous apercevez des petites bêtes sur vos plants, il se peut qu'un simple mélange d'eau savonneuse pulvérisé sur les tiges suffise à empêcher les dégâts. Voici une courte liste des insectes qui peuvent ravager votre jardin mais dont le contrôle est relativement facile à l'aide de moyens physiques et biologiques:

Insecte	Plantes attaquées
Thrips du tabac	Oignons, poireaux
Tétraniques	Feuilles de haricots, d'aubergines et de poivrons
Mineuses	Feuilles de betteraves, de bettes à cardes et d'épinards
Sphinx de la tomate	Feuilles de tomates, de poivrons et d'aubergines

Taupins	Racines et pommes de terre
Sauterelles	Feuillages divers
Cicadelles	Pommes de terre, carottes, laitue, céleri, etc.
Pucerons	Tous les légumes
Punaises ternes	La plupart des légumes
Altises	Pommes de terre, aubergines, tomates, choux, choux-fleurs, radis et navets
Piérides du chou	Choux, choux-fleurs, navets et choux de Bruxelles
Tisseuses de la betterave	Betteraves, choux, luzerne
Limaces	La plupart des légumes

RATONS LAVEURS
Bas les masques!

QU'EST-CE QUE C'EST?

Ce gros rongeur omnivore masqué est friand du contenu de vos sacs de poubelles laissés sans protection. Comme un voleur, le raton laveur porte une sorte de masque et ses pattes noires lui donnent même l'air d'avoir enfilé des gants!

On peut être surpris de constater la taille d'un raton laveur quand on en croise un en ville ou dans la nature. Mesurant jusqu'à près de 1 m (de 2 à 3 pi), l'animal est souvent plus gros qu'on l'aurait imaginé. En tout cas, il est bien plus corpulent que nos chats et que plusieurs de nos chiens domestiques. Si vous faites un pique-nique dans votre cour ou au chalet, faites attention de bien tout nettoyer avant de rentrer, puisque les miettes de pain et les taches de ketchup suffisent pour attirer un raton laveur!

QUEL DANGER ÇA REPRÉSENTE?

En plus de se régaler de fonds de poubelles et d'une multitude de végétaux, le raton laveur sait se montrer fine bouche. Il consomme en effet de petits animaux aquatiques, comme des écrevisses, des mollusques et des larves d'insectes. Il trouve aussi de quoi se sustenter avec les vers de terre, les limaces, les grenouilles, les salamandres, les tortues, les couleuvres, les insectes, de petits oiseaux, des rats musqués et des lapins. Si la présence d'un raton laveur représente un danger, c'est bien plus pour les autres membres de la faune locale que pour les êtres humains!

Le raton laveur se promène surtout à la nuit tombée. Si vous avez le malheur de laisser un sac de poubelle sur votre balcon et qu'une petite bête du genre se promène dans les environs, vous pourriez avoir de la visite... Évidemment, ce n'est pas toujours agréable de se faire réveiller en pleine nuit par un intrus qui cherche la perle rare parmi un tas de détritus.

Face à un raton laveur, chiens et chats domestiques n'ont qu'à bien se tenir: une bagarre pourrait bien tourner à l'avantage du plus sauvage des belligérants et le propriétaire de pitou ou minou serait quitte pour une petit visite chez son vétérinaire favori.

QUE FAIRE?

Comme dans le cas des mouffettes, la première chose à faire avec un raton laveur importun, c'est de se ramasser un peu! Évitez de laisser traîner des sacs contenant de la nourriture. Les soirs d'été, assurez-vous de ne pas laisser de restes de nourriture ou de boissons (jus, alcool, etc.)0, sinon raton fera la fête à son tour! Et le résultat ne serait pas très heureux pour l'animal non plus, car les restes de table et les déchets peuvent être nocifs pour sa santé.

Par contre, alors que les mouffettes aiment s'installer dans un trou pour y rester, les ratons laveurs ont plutôt tendance à changer très souvent de lieu de repos. Ils peuvent même le faire tous les jours. Ce sont donc des animaux errants, en ce sens qu'ils vont là où leur odorat les mène, sans pour autant adopter un nid douillet précis, sans faire valoir un quelconque instinct territorial.

Les ratons laveurs mettent leurs pattes et leur museau un peu partout. Ce n'est donc pas une très bonne décision de les toucher. Comme avec d'autres animaux sauvages, il est préférable de consulter un médecin si on est mordu ou griffé par un raton laveur, d'autant plus que l'animal peut être porteur de la rage.

ÇA PIQUE OU PAS, LE PORC-ÉPIC?

Un mot sur un spécimen particulier de rongeur portant le joyeux nom de porc-épic: celui-ci ne peut pas projeter ses épines, contrairement à la croyance populaire. Timide, le porc-épic (ou hérisson) sort très peu le jour. Si vous en rencontrez un, ne l'approchez pas, car il est très piquant. Marchez en restant à bonne distance de l'animal et sans faire de geste brusque. La bête, qui peut mesurer jusqu'à 1 m (3 pi), ne gardera aucune rancune envers vous et poursuivra son bonhomme de chemin... ses aiguilles sur le dos.

Renards
Les plus rusés ne se font jamais prendre...

QU'EST-CE QUE C'EST?

Tout de roux vêtu, avec quelques taches noires ou blanches, le renard est un petit mammifère omnivore, c'est-à-dire qu'il se nourrit d'à peu près tout ce qu'il trouve sur son chemin: souris, insectes, fruits, glands, oiseaux et œufs font partie de son régime alimentaire et une petite incursion dans les ordures n'est pas exclue non plus. Il mesure 70 cm (28 po) et possède une belle fourrure touffue, un museau long et pointu, un front aplati et de grandes oreilles triangulaires.

Dans la culture populaire, le renard est associé à la ruse et à la tromperie. Il joue même un grand rôle dans la mythologie de certains peuples. Pourquoi dit-on que le renard est rusé? Peut-être est-ce simplement parce qu'il utilise des terriers existants pour s'abriter, ou alors parce qu'il réussit, sans se faire remarquer, à voler sa nourriture. En tout cas, les références littéraires aux ruses du renard sont nombreuses et datent de très longtemps.

QUEL DANGER ÇA REPRÉSENTE?

Je me trouvais sur un terrain de golf la première fois où j'ai vu un renard roux à l'état «naturel». La bête, très digne, se trouvait un peu en retrait; on pouvait la voir du coin de l'œil. Sans prendre cette rencontre au tragique, mes adversaires et moi nous demandions s'il n'y avait pas là un quelconque danger. Le renard attendait-il le bon moment pour nous sauter dessus? Eh bien non. Comme nous nous trouvions dans une aire ouverte, l'animal avait plusieurs possibilités pour nous échapper. À moins d'avoir la rage, ce qu'il n'avait de toute évidence pas, il ne nous aurait attaqués que pour se défendre. Le mieux, c'était encore de le laisser vaquer à ses petites occupations.

Par contre, devant des «proies» plus modestes que quatre êtres humains munis de bâtons de golf et de leur carte de pointage, le renard peut s'en donner à cœur joie. Et c'est là que le danger est réel: si l'animal a pris l'habitude de visiter votre cour parce qu'il y trouve des fruits ou des oiseaux, ou encore s'il y a aménagé sa tanière, il serait sage d'intervenir.

QUE FAIRE?

Comme toujours, la première méthode d'intervention contre un animal sauvage consiste à ne pas «l'inviter». Ne laissez pas traîner de nourriture sèche pour animaux et gardez votre cour exempte de détritus.

Les animaux sauvages, comme les renards, cherchent rarement à vivre en compagnie des humains. S'ils le font, c'est qu'ils y trouvent leur compte et un milieu de vie adéquat. À moins qu'il ait la rage, le renard ne sera pas une menace pour vous. Toutefois, s'il se révèle qu'il vit près de chez vous, il serait sage que vous n'exposiez pas trop vos animaux domestiques.

PITOU ET MINOU DÉCOUVRENT LA VIE

Nos animaux domestiques ne sauraient se débrouiller très longtemps s'ils étaient laissés à eux-mêmes en pleine nature ou simplement abandonnés dans la ville. Ils n'ont plus le réflexe de trouver eux-mêmes leur nourriture et courent à leur perte sans la présence d'un humain pour s'occuper d'eux.

Chats et chiens ne gagnent pas grand-chose à découvrir les beautés de la nature, alors il vaut mieux éviter que de telles excursions se produisent. Si des animaux sauvages menacent d'une façon ou d'une autre vos animaux domestiques, gardez ces derniers à l'intérieur quelque temps. Souvent, les petites bêtes sauvages sont attirées par la nourriture des chiens et des chats laissée sur un balcon ou près d'une niche. Quel régal! Coupez-leur les vivres en nourrissant vos compagnons à l'intérieur de votre maison. Fermez la porte et pas seulement la moustiquaire: les animaux ont l'odorat très développé et ils peuvent sentir le contenu d'un bol laissé près d'une sortie...

Notez par ailleurs que les animaux sauvages ne se brossent pas les dents et ne se curent pas les ongles. Leur salive contient aussi sa part de bactéries. Ne serait-ce qu'à titre préventif, il est toujours sage de vous rendre à la clinique médicale si vous êtes mordu ou griffé par un animal sauvage. Si c'est votre chien ou votre chat qui est mordu ou griffé, rendez-vous chez le vétérinaire.

RONGEURS
Venez un peu par ici, vermines!

QU'EST-CE QUE C'EST?

Qu'il s'agisse de rats, de souris ou de mulots, les rongeurs ne sont certainement pas les bienvenus dans une maison, à moins qu'ils ne viennent de l'animalerie et qu'ils soient maintenus en cage!

Les petites souris sont bien charmantes. Mesurant de 5 à 10 cm (2 à 4 po), elles se reproduisent toutefois à la vitesse de l'éclair: elles peuvent avoir jusqu'à huit portées chaque année! Elles se nourrissent de tout et de rien, construisant leurs nids avec toutes sortes de matériaux (bouts de papier, ficelles, etc.). Elles préfèrent par ailleurs préserver leur intimité, ce qui fait qu'on voit plus souvent les résultats de leur passage (trous, crottes) qu'on ne les voit elles-mêmes.

Un peu plus gros, les rats sont néanmoins capables de passer à travers des trous de la taille d'une pièce de monnaie. Une femelle peut avoir une vingtaine de petits chaque année. Omnivores, les rats mangent de tout, des graines aux ordures en passant par des insectes et même des souris! C'est l'une des espèces les plus répandues sur le globe: on dit qu'il y a au moins cinq rats pour chaque habitant sur Terre!

Enfin, les mulots (ou campagnols) sont des petites bêtes semblables à des souris (leur queue est cependant plus courte) qui se reproduisent à une vitesse folle dès l'âge de trois semaines!

QUEL DANGER ÇA REPRÉSENTE?

Les rongeurs ont les poils remplis de trucs bizarroïdes qu'on préfère ne pas voir au microscope! Ils peuvent transmettre plusieurs maladies aux humains. En fait, les rats sont les animaux qui, à part les moustiques, transmettent le plus de maladies aux humains. Ils sont notamment porteurs d'une bactérie pouvant causer une maladie appelée leptospirose, qui cause de la fièvre et des douleurs articulaires. Le mulot peut aussi être porteur de l'hantavirus, transmissible à l'être humain. Ce virus peut donner une maladie appelée l'hantavirose, qui se manifeste, elle aussi, par une forte fièvre et des douleurs musculaires.

Les mulots ont aussi la fâcheuse habitude de manger des semences, des racines et des plantes. Quelquefois, ils s'attaquent même à l'écorce des arbres fruitiers. Leur présence en grand nombre peut donc être ennuyeuse à plus d'un titre...

QUE FAIRE?

Dans une maison, les rats vont construire leurs nids à l'intérieur des murs, se glissant sous les tas de bois et de déchets. Veillez encore une fois à laisser vos ordures dans des poubelles et placez votre bois de chauffage sur une base de béton.

Si des rongeurs s'attaquent à vos arbres, protégez la base des troncs à l'aide de grillage métallique. Ce genre de grillage vous sera utile si vous découvrez leur «porte d'entrée» pour pénétrer chez vous.

Comme le souligne le Service d'information sur la nature urbaine de l'Université McGill, la seule manière de mettre fin de façon permanente à une infestation de souris consiste à les enlever une par une et à leur bloquer l'accès.

Enfin, contrairement à ce qui a été dit au sujet d'animaux sauvages plus imposants, il est bon de posséder un chien ou un chat pour effrayer les petits rongeurs.

TORTUES
Elles trottent en trottinette...

QU'EST-CE QUE C'EST?

Il existe une dizaine d'espèces de tortues au Québec. De fait, ces reptiles se retrouvent presque partout sur le globe, à l'exception des pôles et de certaines régions montagneuses comme la cordillère des Andes et l'Himalaya. D'origines vraiment ancestrales, elles sont apparues il y a 230 millions d'années!

Parmi les espèces que l'on rencontre au Québec, notons la tortue ponctuée, la tortue peinte, la tortue de Blanding, la tortue géographique, la tortue à carapace molle et la tortue happante. Il y en a une autre, la tortue à oreilles rouges, qui n'est pas originaire de chez nous. Elle a plutôt été importée et son cas démontre qu'il ne faut jamais rendre sa liberté à un animal acheté en magasin. D'une part, ces animaux élevés en captivité ne sont souvent pas «équipés» pour survivre dans la nature. D'autre part, en les relâchant, on risque de nuire à l'écosystème local. Il existe en effet de nombreux cas où des animaux «introduits artificiellement» ont pris la place d'espèces indigènes. Qui plus est, ils peuvent aussi être porteurs de maladies. En transmettant leurs virus à des espèces qui ne peuvent lutter contre ce nouvel ennemi, les ravages peuvent être importants.

QUEL DANGER ÇA REPRÉSENTE?

À moins qu'une tortue géante ne vous tombe dessus, ce qui risque assez peu de vous arriver, les tortues présentent bien peu de danger. En fait, ce sont surtout elles qui doivent craindre la présence humaine. Elles souffrent chaque fois que nous modifions ou détruisons leur écosystème.

Il y a toutefois un conseil général à retenir en ce qui concerne toute la faune: quand on ne sait pas à quoi on a affaire, on s'abstient d'y toucher! En effet, on ignore alors les risques auxquels on s'expose. J'ai, à ce sujet, une anecdote: un jour, sur un terrain de golf, je m'aperçois qu'une bestiole verte d'environ 25 cm (10 po) de long se trouve juste devant le tertre de départ. Je m'avance alors pour mieux voir ce que c'est et je me rends compte qu'il s'agit d'une tortue! Que fais-je? Comme je suis mon pire handicap en matière de golf, je ne peux me résoudre à m'élancer. Et si, par malheur, ma balle devait assommer la pauvre bête. Je m'approche donc encore un peu du reptile et juste avant de mettre les doigts sur sa carapace, le voici qui se met en colère et tente de me mordre. Je venais de faire connaissance avec une chélydre serpentine, aussi appelée tortue happante, spécimen assez féroce mais, heureusement pour moi, très lent.

La tortue happante doit être considérée comme un alligator! Les spécimens adultes pèsent 12 kg (26 lb) et peuvent vous couper un doigt. On a même déjà recensé des individus de 22,5 kg (50 lb)! Heureusement, on en voit rarement, puisqu'elles vivent presque toujours dans l'eau. Il faut néanmoins savoir qu'une telle tortue est capable de sortir la tête de sa carapace comme si son cou était un ressort. L'effet de surprise est total, surtout que ce cou peut s'étirer d'environ 45 cm (18 po)! Décidément, la nature est faite de toutes sortes de choses...

QUE FAIRE?

Si une tortue happante a élu domicile près de chez vous, le mieux que vous puissiez faire est de la laisser tranquille. Elle est tellement lente que vous aurez tout le temps de la voir venir. Elle n'est d'ailleurs pas très sociable, ce qui fait que vous ne la verrez pas souvent de toutes façons! Faites toutefois en sorte que vos animaux domestiques et que vos enfants ne s'en approchent pas trop: cette tortue a beau être très lente, elle peut allonger le cou brusquement pour mordre. Ne vous en faites pas: elle ne sort pas souvent de l'eau. Et encore, la femelle ne le fait qu'à la fin du mois de juin, pour pondre ses œufs.

Pour ce qui est des autres tortues, essayez de ne pas leur nuire. Observez-les de loin (les vibrations causées par vos pas suffisent à les stresser) et empêchez vos animaux domestiques d'aller les taquiner: elles ont déjà tous les prédateurs qu'il leur faut!

LA LIBERTÉ COMME PRISON

Au Québec, une des espèces de tortues vivant en liberté a été introduite artificiellement dans l'écosystème. Il s'agit de la tortue à oreilles rouges, dont l'origine se situe sur les berges de la vallée du Mississippi. Comment cette tortue a-t-elle pu «trotter» jusqu'ici? Elle a simplement transité par les magasins d'animaux! Ce sont donc d'anciens propriétaires de ces tortues qui, en lâchant leur animal dans la nature afin de s'en débarrasser, les ont intégrées au territoire québécois. Comme cette tortue n'est pas adaptée au climat, elle vit moins longtemps qu'elle ne le devrait et risque de causer du tort à la faune et à la flore locales. Si vous ne désirez plus vos tortues, remettez-les à votre animalerie, ou encore donnez-les ou revendez-les par l'intermédiaire des petites annonces.

De remarquables oubliés

Il y a bien des espèces animales dont on n'a pas parlé dans ces pages. Rien sur les lièvres, rien sur les chevreuils… Le plus possible, j'ai voulu m'en tenir aux espèces qui posent un certain nombre de problèmes pour le citadin. D'un autre côté, j'ai voulu donner un aspect environnemental à ce livre en traitant des espèces en danger de disparition et de l'importance pour les êtres humains d'y porter attention quand ces espèces décident de venir nous visiter chez nous. J'espère sincèrement avoir abordé le plus de sujets possible, tout en sachant bien que mes recherches ne sont pas exhaustives. Qu'à cela ne tienne: vous trouverez à la fin de ce livre plusieurs ressources à consulter afin de poursuivre la palpitante exploration des relations étroites qui existent entre les humains et les animaux.

TROISIÈME PARTIE
Les espèces menacées

L e quart des quelque 4 630 espèces de mammifères et 11 % des 9 675 espèces d'oiseaux recensées sur la planète seraient menacées d'extinction.

Les espèces en péril, selon la Loi sur les espèces en péril du Canada, sont soit des animaux disparus ou des espèces en voie de disparition, menacées et préoccupantes. Toutes sont donc sous observation et il est interdit de les éliminer ou de les déplacer sans d'abord faire appel aux autorités fauniques. Voici une liste non exhaustive de ces espèces.

Notez que pour les besoins de cet ouvrage, les poissons, mammifères marins (baleines, rorquals, etc.), les plantes et les mousses, même lorsqu'il s'agit d'espèces menacées d'extinction, ne sont pas inclus, car il est peu probable qu'ils viennent vous hanter dans votre cour…

MAMMIFÈRES

Bison des bois

Blaireau d'Amérique de la sous-espèce jacksoni

Blaireau d'Amérique de la sous-espèce jeffersonii

Campagnol sylvestre

Carcajou, population de l'Est

Caribou des bois, population boréale, de la Gaspésie-Atlantique, des montagnes du Nord et des montagnes du Sud

Castor de montagne

Chauve-souris blonde

Chien de prairie

Hermine de la sous-espèce haidarum

Lapin de Nuttall de la sous-espèce nuttallii

Loup de l'Est

Marmotte de l'Île de Vancouver

Martre d'Amérique, population de Terre-Neuve

Musaraigne de Bendire

Oreillard maculé

Rat kangourou d'Ord

Renard gris

Renard véloce

Taupe à queue glabre

Taupe de Townsend

OISEAUX

Albatros à queue courte

Alouette hausse-col de la sous-espèce strigata

Arlequin plongeur, population de l'Est

Autour des palombes de la sous-espèce laingi

Bec-croisé des sapins de la sous-espèce percna

Bruant de Henslow

Bruant de McCown

Bruant des prés de la sous-espèce princeps

Bruant vespéral de la sous-espèce affinis

Chevêche des terriers

Chouette tachetée de la sous-espèce caurina

Colin de Virginie

Courlis à long bec

Courlis esquimau

Effraie des clochers, populations de l'Est et de l'Ouest

Faucon pèlerin de la sous-espèce anatum

Faucon pèlerin de la sous-espèce pealei

Garrot d'Islande, population de l'Est

Grue blanche

Guillemot à cou blanc

Guillemot marbré

Moqueur des armoises

Moucherolle vert

Mouette blanche

Mouette rosée

Paruline à ailes dorées

Paruline à capuchon

Paruline azurée

Paruline de Kirtland

Paruline hochequeue

Paruline orangée

Paruline polyglotte de la sous-espèce auricollis, population de la Colombie-Britannique

Paruline polyglotte de la sous-espèce virens

Petit Blongios

Petit-duc des montagnes de la sous-espèce kennicottii

Petit-duc des montagnes de la sous-espèce macfarlanei

Petit-duc nain

Petite Nyctale de la sous-espèce brooksi

Pic à tête blanche

Pic de Lewis

Pic de Williamson

Pie-grièche migratrice de la sous-espèce excubitorides

Pie-grièche migratrice de la sous-espèce migrans

Pipit de Sprague

Pluvier montagnard

Pluvier siffleur de la sous-espèce circumcinctus

Pluvier siffleur de la sous-espèce melodus

Puffin à pieds roses

Râle élégant

Râle jaune

Sterne de Dougall

Tétras des armoises de la sous-espèce urophasianus

REPTILES

Boa caoutchouc

Couleuvre à nez mince du Grand Bassin

Couleuvre à nez plat

Couleuvre à petite tête

Couleuvre à queue fine

Couleuvre agile à ventre jaune

Couleuvre agile bleue

Couleuvre fauve de l'Est

Couleuvre mince, populations de l'Atlantique et des Grands Lacs

Couleuvre nocturne

Couleuvre obscure

Couleuvre royale

Couleuvre tachetée

Crotale de l'Ouest

Massasauga

Scinque de l'Ouest

Scinque des Prairies

Tortue géographique

Tortue luth

Tortue mouchetée, populations de la Nouvelle-Écosse, des Grands Lacs et du Saint-Laurent

Tortue musquée

Tortue peinte de l'Ouest, populations de la côte du Pacifique et des Rocheuses

Tortue ponctuée

Tortue molle à épines

AMPHIBIENS

Crapaud de Fowler

Crapaud de l'Ouest

Crapaud des steppes

Crapaud du Grand Bassin

Grande salamandre

Grenouille à pattes rouges

Grenouille léopard, populations des montagnes du Sud, de l'Ouest de la zone boréale et des Prairies

Grenouille maculée de l'Oregon

Grenouille-à-queue côtière

Grenouille-à-queue des Rocheuses

Rainette grillon

Salamandre à nez court

Salamandre de Cœur d'Alène

Salamandre de Jefferson

Salamandre pourpre

Salamandre sombre des montagnes

Salamandre sombre des montagnes, population des Grands Lacs et du Saint-Laurent

Salamandre tigrée, population des montagnes du Sud

RÉFÉRENCES

LOIS

Registre public de la Loi sur les espèces en péril:
www.registrelep.gc.ca

Loi sur la conservation et la mise en valeur de la
faune: www.mrnf.gouv.qc.ca/lois/lois-faune.jsp

Loi sur la convention concernant les oiseaux
migrateurs:
www.cws-scf.ec.gc.ca/legislations/laws1_f.cfm

Convention européenne sur la protection des animaux vertébrés utilisés à des fins expérimen-
tales ou à d'autres fins scientifiques:
www.protection-des-animaux.org

INFORMATIONS SUR LA FAUNE

Service d'information sur la faune urbaine de
l'Université McGill, à Montréal (Québec):
unis.mcgill.ca

Animaux importuns, Ministère des Ressources
naturelles et de la Faune du Québec:
www3.mrnf.gouv.qc.ca/faune/importuns/index.asp

Services aux citoyens et aux entreprises, Ministère
des Ressources naturelles et de la Faune du
Québec: 880, chemin Sainte-Foy, RC 120-C,

Québec (Québec), G1S 4X4.

Tél.: (418) 627-8600, 1 866 248-6936.

Courriel: service.citoyens@mrnf.gouv.qc.ca

Biodôme de Montréal: www.biodome.qc.ca

Insectarium de Montréal:
www2.ville.montreal.qc.ca/insectarium

Centre canadien coopératif de la santé de la faune, organisation réunissant les quatre facultés de médecine vétérinaire du Canada: wildlife1.usask.ca

Ministère de l'Écologie, du Développement et de l'Aménagement durables de France: www.ecologie.gouv.fr

Agence de réglementation de la lutte antiparasitaire du Canada: www.pmra-arla.gc.ca

Plan nord-américain de gestion de la sauvagine: www.nawmp.ca

Le Jardin botanique de Montréal: www2.ville.montreal.qc.ca/jardin/menu.htm

Le Berger blanc: www.bergerblanc.com

Société pour la prévention de la cruauté envers les animaux (SPCA, site international en anglais): www.spca.com

Société pour la prévention de la cruauté envers les animaux, bureau de Montréal: www.spcamontreal.com

Société protectrice des animaux (SPA):
www.spa.asso.fr

Canards illimités Canada: www.ducks.ca/fr

Attention Nature: www.naturewatch.ca/francais/

Programme des Nations Unies pour l'environnement: www.unep.org/french

Fonds mondial pour la nature: www.wwf.ca

Le nichoir, organisme de la région de Montréal
qui administre des soins aux oiseaux sauvages
malades, blessés ou orphelins, puis les relâche
dans leur habitat naturel: www.lenichoir.org

Les oiseaux du Québec: www.oiseauxqc.org

Ligue pour la protection des oiseaux, représentant
officiel de BirdLife International en France:
www.lpo.fr

Oiseaux de France: www.oiseaux.net

Union québécoise de réhabilitation des oiseaux
de proie: www.uqrop.qc.ca

La biodiversité au Québec, Musée Redpath de
l'Université McGill:
redpath-museum.mcgill.ca

*Les maladies transmises par les animaux. Ce qu'il est
bon de savoir*, Service d'écologie sociale,
Faculté des sciences, Université libre de
Bruxelles (Belgique): www.irsib.irisnet.be

Informations sur les produits

Coalition pour les alternatives aux pesticides: www.cap-quebec.com

Insecticides et répulsifs Pen'ty biologiques (consommateurs européens): www.penntybio.com

Note pour les consommateurs canadiens: plusieurs produits non toxiques pour les humains sont vendus dans les grandes surfaces et magasins spécialisés. Informez-vous dans un centre de jardinage.

Si votre municipalité a mis sur pied une «patrouille animale» afin d'éviter les contacts non sollicités entre les citoyens et les animaux, inscrivez-en ici le numéro de téléphone:

....

....

....

....

....

....

....

Autres adresses et numéros de téléphones importants:

....

....

....

....

....

....

....

....

....

....

....

....

....

....

....